海を渡る国際人

桓武天皇の謎

なぜ「京都」を都に定めたのか

Kobayashi Yasuko
小林惠子

祥伝社

桓武天皇の謎

はじめに——天皇・桓武《かんむ》とは何者だったのか

●論点1・即位の過程　長子の桓武が最初に皇太子にならなかった不思議

桓武天皇とは通説では、一二〇〇年以上前、平安京に首都を定めた初代天皇であり、平安時代を代表する天皇と考えられている。さらに日本史に詳しい人ならば、天智《てんじ》系天皇である光仁《こうにん》天皇の長子とされていることもご存知のことと思う。しかし平安時代の史料を詳細に検討してみると、光仁・桓武天皇が果たして天智系であるかどうか疑問に思えるようになった。その理由は後述するが、光仁も桓武も日本以外の場所で成長した可能性があるのである。

称徳《しょうとく》（高野《たかの》）天皇の死後、皇太子も存在しなかったので、藤原《ふじわら》氏や吉備真備《きびのまきび》が合議の上、天智の孫といわれているが、すでに六〇歳を超えていた白壁王《しらかべ》（光仁）が即位することになった。

白壁王は年齢的にいって暫定《ざんてい》的な天皇だったことは推測できる。ところが皇太子には、十何歳も年長の長子である山部《やまべ》王（桓武）を差し置いて、弟の他戸《おさかべ》親王《しんのう》が立太子した。

その理由は何だったのか。

この常識に反する他戸の立太子は他戸母子に死をもたらし、山部王が即位した時に立太子した同母弟の早良皇太子が幽閉《ゆうへい》されて死ぬ、という悲劇を生むことになる。

●論点2・国際情勢　日本国は存亡の危機にあった

唐が建国した七世紀前半から、中国の周辺遊牧民族は、突厥《とっけつ》に代わって吐蕃《とばん》が勢力を持つようになった。唐は吐蕃と婚姻関係を結んだりして懐柔するが、あまり効果はなく、吐蕃勢力は北方から東へ勢力を伸ばし、中国東北部から半島、列島をも侵略する勢いになった。特に「安禄山《あんろくざん》の乱」で玄宗《げんそう》が一時、亡命した七五五年以後は、中国東北部の唐による直接統治が不可能になったのみならず、唐本国自身、吐蕃と同じ遊牧民系の回鶻《かいこつ》（ウイグル）や雲南《うんなん》勢力を、その権威によって巧妙に利用して唐室の安泰を図るような始末だった。

しかし吐蕃、そして表向き懐柔されている回鶻勢力すら、すきあらば唐朝を倒し、新羅《しらぎ》や日本までも侵略しようとしていたのである。

このような時代に桓武は成長した。日本の天皇であれば内政を完璧《かんぺき》にこなせばすむ、という時代ではなかったのだ。唐国の不安定な政情がそのまま日本に反映し、国際的な視野があるのみならず、外国からの具体的な侵略にも対応できる実力を、統治者・天皇自身が兼ね備えていなければ、日本国自体がどうなっていたか分からない時代だったのである。そういう意味では、桓武は見事に外交手腕を発揮して、日本国の存続を確実にした人だったといえよう。このような国際的視野を持つ人が、果たして日本国内のみで育った人だったのだろうか。

●論点3・桓武の出自　「桓」と「武」が示す、裏の意味

父の白壁王（光仁天皇）は天智天皇の孫で、志貴《しき》皇子の子と考えられており、天智系という意味で疑問の余地はないように思えた。ところが光仁の子である桓武天皇という漢風諡《おくりな》は、典型的な天武《てんむ》系なのである。ただし普通には『詩経《しきょう》』（周頌《しゅうしょう》）にみえる「桓桓《かんかん》（勇ましい）たる武《ぶ》王、厥土《けつど》（北方の異民族の地）を保有せり」からくるといわれている。殷《いん》を滅ぼした周の武王は事実上の周の初代であり、この時代（紀元前一〇〇〇年代）に倭人《わ》（倭国ではない）が初めて周に朝貢したといわれている。武王にあやかる桓武という諡は、確かに平安京初代の桓武天皇に相応《ふさわ》しい諡といえよう。

しかし裏の意味こそ真相を物語るものである。裏の意味とは「桓武」の「桓」は韓国の古典『三国遺事《さんごくいじ》』（古朝鮮）にいう「壇君《だんくん》神話」からくると思われる。「壇君神話」とは朝

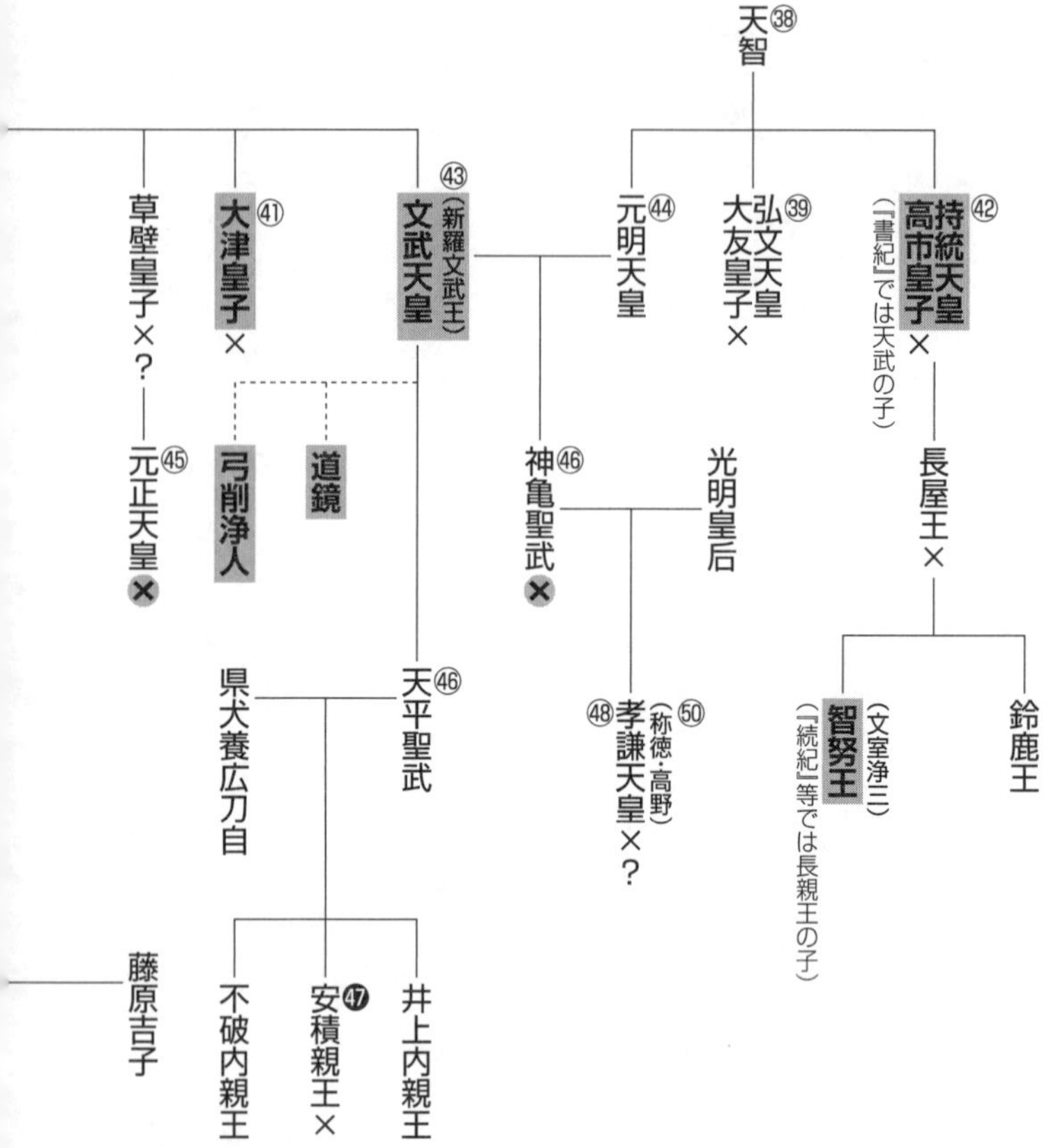

○数字は天皇の代数
×は殺された人物を示す
太文字とアミかけ、破線、●数字は私案

桓武天皇系図

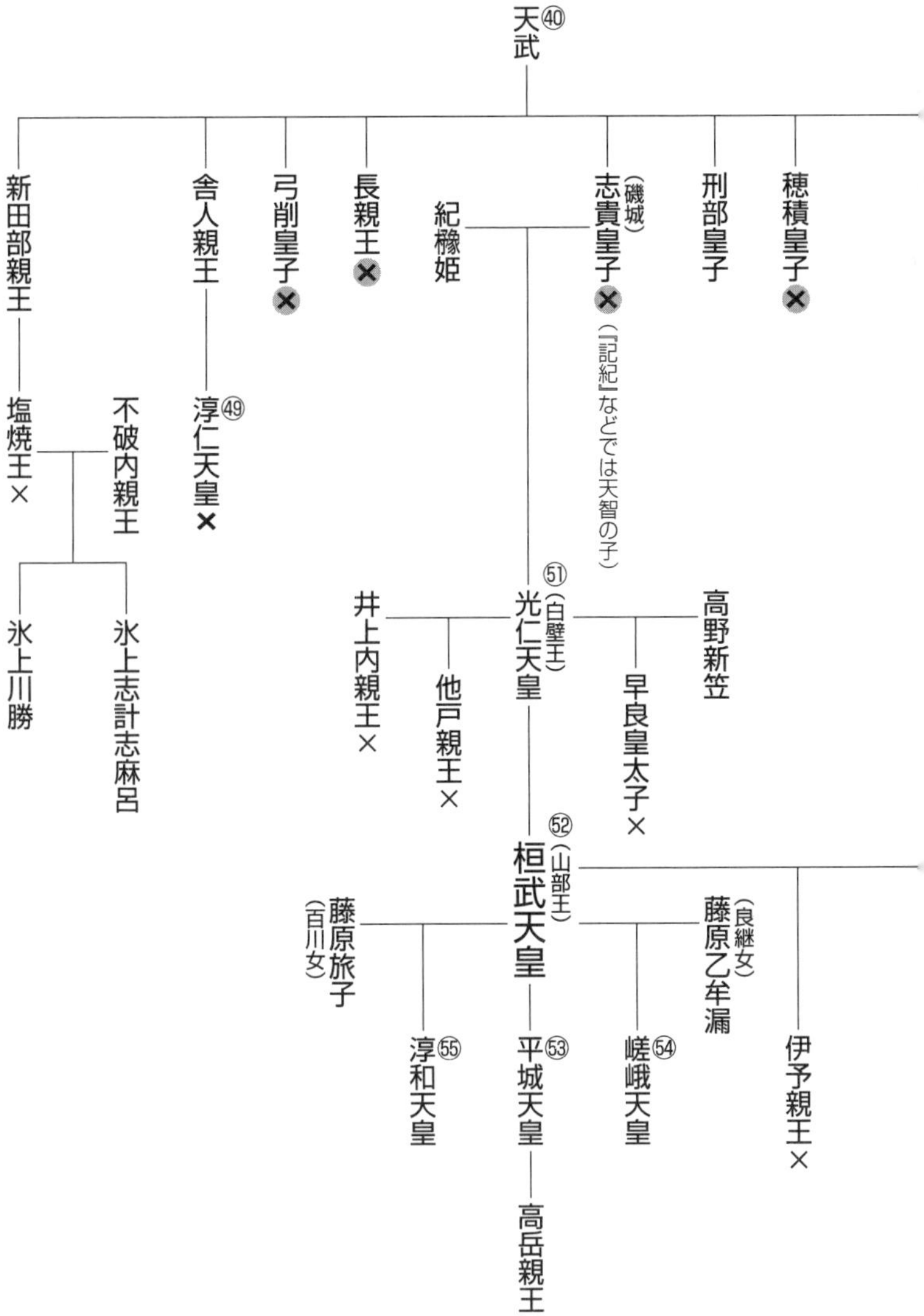

天武㊵
穂積皇子×
刑部皇子
（磯城）志貴皇子×（『記紀』などでは天智の子）
紀橡姫
長親王×
弓削皇子×
舎人親王
淳仁天皇㊾×
新田部親王
塩焼王×
不破内親王
氷上志計志麻呂
氷上川勝
高野新笠
（白壁王）光仁天皇㉛
井上内親王×
早良皇太子×
他戸親王×
（山部王）桓武天皇㉜
伊予親王×
（良継女）藤原乙牟漏
（百川女）藤原旅子
嵯峨天皇㉞
平城天皇㉝
淳和天皇㉟
高岳親王

鮮の始祖物語で、桓因《かんいん》（実は帝釈天《たいしゃくてん》）の庶子の桓雄《かんゆう》天王が、部下三〇〇〇人を率いて太白《たいはく》山《さん》の頂上に降り立った。桓雄とその地の熊《くま》（高麗《こま》）女との間に生まれたのが、壇君王倹《おうけん》といい、平壌《へいじょう》城に住んだという伝承である。このように桓武の「桓」は高句麗、特に平壌とつながりがある。

私見では桓武に付けられた「武」は、高句麗《こうくり》の東川《とうせん》王＝神武《じんむ》、高句麗将蓋蘇文《がいそぶん》＝天武、新羅文武《ぶんぶ》王＝文武《もんむ》天皇、中国東北部から来日した文武王（天皇）の子＝天平《てんぴょう》時代の聖武《しょうむ》と、いずれも高句麗あるいは天武系の天皇に限られる。したがって桓武という諡は「桓」も「武」もいずれもあきらかに高句麗系なのである。

光仁天皇（白壁王）は譲位という変則的な形で長子の桓武（山部王）に皇位を譲ったことになっているが、その間、内紛らしきものすら記録されていない。つまり百済系の天智の孫といわれている白壁王と、高句麗系及び天武系の諡を持つ息子の桓武との間に、血統の違いによると思われる政変はみられないのである。

私はこの矛盾を解決しない限り平安時代に踏み込めないと感じていた。

そこで『万葉集』に着目した。『万葉集』に収められた歌そのものには平安時代に詠《よ》まれたものはないが、桓武朝初期まで活躍した大伴家持《おおとものやかもち》が編纂《へんさん》したといわれている。その『万葉集』から正史に書き得ない真相を探ろうとしたのだ。『万葉集』には、歌に特有の雪月花に韜晦《とうかい》して真実を知らせるという性格があり、正史にはみられない、今でいえば個人的情報を伝えている場合が多いからである（拙著『本当は怖ろしい万葉集』）。

本文で詳しく説明するが、白壁王の父である志貴皇子は『続日本紀《しょくにほんぎ》』などより天智の子とされており、通説になっている。しかし私は『万葉集』にみえる天智の子、志貴（シキ）皇子は『日本書紀』に記載されている天武の子、磯城（シキ）皇子だったと結論した。光仁は天武系の人だったのである。したがってその子の桓武が高句麗・天武系の謚であっても何ら不思議はないといえる。

高野（称徳・孝謙《こうけん》）天皇が没した時、白壁王派の藤原百川《ふじわらのももかわ》を中心にして左大臣の藤原永《なが》手《て》、内大臣の藤原良継《よしつぐ》らが宣命《せんみょう》（高野天皇の詔《みことのり》）を偽作して白壁王を即位させたといわれている。確かに高野は何の遺言も残していないとされているので、彼らが勝手に宣命を偽作したことは間違いないだろう。しかしこの場合の「偽」には、白壁王を天智系と偽った意味も含まれているのではないか。

●論点4・内政と外交　侵入異民族と戦い続けた桓武

そこまでして朝廷が天智系天皇に拘《こだわ》ったのはなぜか。それは、六六三年の唐との戦い「白村江の戦い《はくすきのえ》」に敗れた後の六六五年に、倭国の中大兄《なかのおおえ》（後の天智天皇・実は百済王子翹岐《ぎょうき》）皇子は唐と和平し、そして唐は天智をして倭王と承認したからである。この後、唐国は天智系でなければ正式には日本国王と認めようとしなかった。

唐が日本に対して高句麗・百済・新羅・渤海《ぼっかい》のように冊封《さくほう》という形式を採らなかった理由は、日本が突厥や吐蕃、回鶻などと同じ遊牧民系民族の国という意識があったからではないか。唐は遊牧民の可汗《かがん》（君主）等を承認はしても冊封はしたことはない。私見では聖《しょう》徳太子《とくたいし》は突厥可汗で倭王になった人である（拙著『聖徳太子の正体』）。

奈良時代から平安時代の初期にかけてしばしば遣唐船が派遣されているが、従来考えられているように唐国の好意によって、日本に一方的に文物や文化がもたらされたわけではない。冊封という形式こそ採らなかったが、唐は伝統的に日本国王の交代という内政に容《よう》喙《かい》していたのだ。しかもそれはほとんど唐朝が滅びるまで続く。

中国東北部を中心にした「安禄山の乱」は七六三年に収まり、翌年、日本では安禄山と共闘して新羅攻めを計画していた藤原仲麻呂《なかまろ》一族が滅ぼされたが、急激に唐朝自身の権威も国力も失墜し、吐蕃や回鶻という遊牧民が勢力を持ち、唐朝を圧迫した。唐朝が衰微したことで周辺の遊牧民族は勢いづき、唐の首都である長安《ちょうあん》周辺まで侵略するようになったのである。

一方、長安から遠く離れ、唐朝の命令も途絶えがちな中国東北部では遊牧民に対抗するため、安禄山系勢力が消えた後にも安禄山と同じような土着勢力が、半ば独立国として存在するようになった。この唐側の勢力が吐蕃などの遊牧民の南下を防いでいたのである。

吐蕃勢力の南下とは、新羅と日本の東北地方の侵略まで入る。そこで桓武天皇は吐蕃が東北地方に侵略するのを防ぐために、中国東北部の土着勢力と連合した。光仁朝から桓武朝にかけて日本の史料に集中する東北の蝦夷《えみし》の反乱とは、その多くが中国東北部から渡来した吐蕃の侵略をいうのである。

中国で吐蕃の勢力が衰えると、時期を同じくして東北の蝦夷の反乱が終焉《しゅうえん》に向かっている。これは唐朝への反乱と、日本への侵略を行なった民族が、同じ吐蕃系民族だったからである。光仁朝から桓武朝の時代は、東北に侵入する吐蕃への対応に追われていたのである。

私は今まで、三世紀の卑弥呼の時代から光仁朝成立の七七〇年に至るまで、一五冊の私見を発表してきた。私の歴史考察は、いわゆる日本史の常識とかけ離れている。疑問に思われる方は過去に出版した拙著によって、拠《よ》ってきたる所以《ゆえん》を確かめていただければ望外の幸せである。

二〇〇九年一二月

小林恵子

目次

第一部　桓武とその父

第二章　藤原仲麻呂の滅亡と光仁天皇の即位　59

第三章　若き日の桓武が過ごした東アジア　78

第二部「日本国王」としての桓武　143

第五章 桓武朝の最後 224

結論 235

カバー／桓武天皇像（延暦寺蔵）
装幀／中野岳人

桓武朝前史――本書をより深く読み進めていただくために

●唐の建国（六一八年）まで

三世紀前半、卑弥呼が魏《ぎ》・呉《ご》・蜀《しょく》三国時代の魏に使者を送って、東アジアの政治史上に登場したのは周知のことである。

この後、間もなく三国が相次いで滅びると、半島から列島にかけて遊牧民族の鮮卑《せんぴ》（慕《ぼ》容《よう》氏）の侵入があった。中国本土では鮮卑（拓跋《たくばつ》部）の北魏北朝と、漢民族の南朝（晋《しん》・宋《そう》など。最後は陳《ちん》）に分裂した。

五世紀に入ると、『日本書紀』の仁徳《にんとく》天皇から雄略《ゆうりやく》天皇の間だが、南朝の晋・宋に使者を送った。中国の史料にいう「倭の五王」である。

私見では、この時代の列島はすでに慕容氏系鮮卑の支配するところだったのである。鮮卑族とはどのような民族だったのだろうか。まず、中国を統一した拓跋鮮卑系の隋《ずい》から話を始めよう。

＊

紀元前の漢代に東胡《とうこ》と呼ばれていた遊牧民のうち、中国東北部にある大興安嶺《だいこうあんれい》を発生とする拓跋部が南下して北京の北方に住み着いた。そこに鮮卑山があったので「拓跋鮮卑」と呼ばれた。三世紀半ばには現在の内モンゴルに勢力を張り、三国時代の魏の後裔、晋の後に建国した宋を四七七年に滅ぼして、ほぼ華北を統一した。北魏である。日本で欽明《きんめい》朝が成立する一年前の五三四年、北魏は分裂し東西に分かれた。

東魏の都は鄴《ぎょう》（北京の南）にあったが、五五〇年に滅び、北斉《せい》が成立。その北斉は五七八年、国王が、西魏の北周《しゅう》を建国した武帝《ぶてい》に殺された。東魏系王朝はほぼ建国者一～二代で終わっている。

五八一年、北周の将軍だった楊堅《ようけん》（文帝）がクーデターを起こし、北周を滅ぼした。そして残存していた南朝、陳を五八九年に滅ぼして中国を統一し、隋を建国した。

二代目の煬帝《ようだい》の頃になると、東は高句麗、西は遊牧民の突厥《とっけつ》が隋を挟撃してくるようになった。もともと中国でも北魏系の出身である隋は中国東北部及び極東の知識があり、その動きには敏感に対応した。

煬帝は六世紀末には突厥を攻め、敗れた（西）突厥の達頭《タルドウ》は六〇〇年に高句麗を経て列島倭国に逃げ込み、倭王タリシヒコ（日本では聖徳太子）になった。次に煬帝は高句麗を滅ぼすべく六〇八年、小野妹子《おののいもこ》の案内で急遽、倭国のタリシヒコ（達頭）と講和して高句麗を孤立させ、六一四年に高句麗征伐を決行した。しかし、はかばかしい成果も得られないうちに高句麗征伐の失敗も重なって、六一八年に隋の将軍だった李淵《りえん》に殺される。李淵は唐国を建国し、唐は隋の中国統一の遺産を引き継ぐことになった。

●「大化の改新」（六四五年）の真相

唐の初代高祖《こうそ》、李淵の祖先は隴西狄道《ろうせいてきどう》（北京の西北）の人で、淵は涼武昭王暠《りょうぶしょうおうこう》の七代の孫（『旧唐書《くとうじょ》』／以下『旧』、本紀一）とあるが、民族は隋と同じ拓跋鮮卑系だから中国東北部の動きには詳しかった。

二代目太宗《たいそう》時代には突厥の勢力も衰え、唐の建国後、高句麗王や倭王タリシヒコなど反中国派の実力者が相次いで没した。六三〇年には東突厥も唐に滅ぼされた。しかし高句麗は王が代わったが、唐時代になっても頑強に中国に抵抗を続けた。

六四二年、高句麗将の蓋蘇文《がいそぶん》（日本名・大海人《おおあま》皇子）は、唐が高句麗王として冊立した栄留《えいる》王を殺し宝蔵《ほうぞう》王を擁立した。そのうえ、唐の認めた倭王タリシヒコの後継者、山背《やましろ》大兄一族を六四四年（通説は六四三年／拙著『陰謀　大化改新』による）に滅ぼしたことがきっかけで、翌六四五年から唐の二代目太宗による高句麗親征が始まった。

このように六四五年は唐による第一次高句麗征討の年だが、この年を後年、日本では「大化の改新」あるいは「乙巳《いつし》の変」という。事実上、中大兄皇子、蓋蘇文連合が倭国を治めていた蘇我《そが》一族を滅ぼした年である。

「乙巳の変」の真相は、倭国の兵を対唐戦に投入しようとした高句麗蓋蘇文と、倭王になる野望を持つ百済の亡命王子翹岐《ぎょうき》こと中大兄の利害が一致し、倭国を専断していた蘇我一族を滅ぼした事件をいうのである。蓋蘇文と中大兄らはすでに前年の六四四年、蘇我入鹿《いるか》を巻き込んで、倭王だった聖徳太子の子の山背大兄一族を滅ぼしていた。山背倭王は形式的とはいえ倭王だったので、中大兄たちは翌六四五年六月、蘇我一族を朝敵として誰はばかることなく成敗することができたのである。

●唐との戦争、そして敗北（六六三年）

この時の対高句麗戦に、はかばかしい成果の挙がらなかった太宗は、六四七年に二度目の高句麗征伐を敢行したが、平壌を陥落させるまでには至らなかった。翌六四八年の三度目の高句麗征伐は鴨緑江《おうりょくこう》に進軍したが、結局、この時も戦いには勝ったが平壌を降《くだ》すには至らなかった。翌六四九年五月、太宗は遂に高句麗の滅亡をみることなく没した。

後を継いだ高宗《こう》はしばらく鬼門の高句麗には手を触れなかったが、常に親唐派だった新羅の武烈《ぶれつ》王が唐への朝貢の道を高句麗が妨害すると訴えてから、対高句麗戦を計画し始めた。高宗は高句麗を正面から攻めて失敗した過去の例に鑑《かんが》み、まず六六〇年、常に高句麗側にあった半島中西部の百済を山東《さんとう》半島の東端から海路、わずか三日間で直接、上陸する電光石火の作戦で滅ぼした。

百済が滅びると早速、翌六六一年一月から倭国に亡命していた百済王子の翹岐（中大兄皇子）が百済再興のため高句麗の蓋蘇文（大海人皇子）とともに対唐戦に乗り出す。しかし六六三年八月、白江《はくこう》での水上戦で唐国に完敗した。この戦いを日本では「白村江《はくすきのえ》の戦い」という。

祖国を失った中大兄は九州太宰府《だざいふ》で六六五年に唐国と和平し、唐国の承認を得て六六八年、近江大津《おうみおおつ》京で即位し、倭王すなわち天智天皇となった。この年、六六八年は、蓋蘇文という高句麗の実力者不在が原因の一つだろうが、唐は隋代以来の懸案だった高句麗を滅ぼし宝蔵王を長安に連行した。

●天武天皇即位（六七三年）

蓋蘇文は高句麗が滅ぼされてから大海人皇子として大和《やまと》の飛鳥《あすか》地方に潜居していたらしいが、地理的に唐が攻め難い倭国に定着し、倭王の地位を手に入れるべく画策を始めた。中大兄（天智天皇）は大海人のいる大和地方に入ることなく、太宰府から直接、近江大津京に行き、即位したと思われるが、早くも六七〇年頃には極秘のうちに行方不明になった。そこで天智の子の大友《おおとも》皇子（弘文《こうぶん》天皇）が即位した。

六七一年一〇月、大津京の大友皇子（弘文天皇）の承認のもと、野望を持たないというしるしの僧侶姿になって大海人は吉野《よしの》に隠棲したが、それは海外からの援軍を待つ時間稼ぎに過ぎなかった。半島からの援軍の知らせを得た大海人は、翌六七二年六月、吉野を出発し、近江朝に宣戦布告をした。これが世にいう「壬申《じんしん》の乱」である。大友皇子を殺害して勝利した大海人皇子は自ら倭王（天武天皇）として即位した。唐からすれば許せない越権行為だった。

●持統《じとう》天皇の正体（六九〇〜六九六年）

天武即位を何としても承服できない高宗は六八二（『書紀』にいう天武十一）年、半島や中国土着の私兵を持つ唐人などの軍勢を太宰府と日本海側から上陸させた。天武は中国東北部の旧高句麗勢力圏に日本海から逃げようとして、途中の八月、現在の長野県あたりで挟撃され殺された。

この後、『日本書紀』では天武朝は六八六年まで続いたことになっているが、天武朝晩年の四年間、つまり事実上天武が暴殺された翌年の六八三年から六八六年までの足掛け四年間は、父が天武で母が天智の娘である大津《おおつ》皇子が、母方の血統から唐の許容範囲にあったとみえて即位していた（拙著『白村江の戦いと壬申の乱』）。しかし、まだ若い大津の性急な改革が国内の情勢に合わないこともあって、大津即位反対派が結束して大津を謀殺し、大津が即位していた事実を史上から抹消した。

大津皇子の死後も、なお四年間にわたって、天武の子で本来皇太子の草壁《くさかべ》皇子と天智の庶長子である高市《たけち》皇子の間で暗闘があったが、草壁が没したのを機会に高市が六九〇（持統四）年に即位した（拙著『すり替えられた天皇』）。持統天皇である。唐は高市が天智の子であることを知っており、持統朝には友好的だったが、高宗は六八三年に没して則天《そくてん》（武氏）の時代になっていた。

則天は周辺諸国や遊牧民との戦いを嫌い、内政を重視する治世をした。しかし吐蕃《とばん》など周辺遊牧民が勢力を増し、唐国そのものが攻められる事態になっていた。しかも唐の建国当初の将軍たちが老いて次々に引退、死亡するという唐側の事情があった。そこで武力によって唐が極東倭国の持統朝を存続させるわけにはいかなくなっていたのである。唐国の威勢が倭国に届かなくなると、唐国をバックにする持統朝も終わった。

●「文武《ぶんぶ》王」と「文武《もんむ》天皇」（六九七〜七〇七年）

倭国に対する唐の制約が弱まると「壬申の乱」の時、蓋蘇文側にあって唐に追われ、倭国に亡命していた元新羅の文武王が文武天皇として即位し、七〇二年に遣唐使まで派遣する。しかしそれは則天時代だったからこそ可能だったのである。七〇五年に則天の子の中宗《ちゅう》が即位すると、極東への政策は一転して天武系を認めなかった。

そこで文武は天智の娘である元明《げんめい》天皇に後事を託し、中国東北部で突厥可汗と協力して唐と戦うが、七一五年三月に敗れて捕らわれた。同年九月に元明朝も終わる。

●すり替えられた聖武《しょうむ》（元正《げんしょう》朝七一五〜七二四年、神亀《じんき》聖武七二四〜七二九年）

次に即位したのは、天武の息子で皇太子のまま没した草壁皇子の娘の元正天皇だった。その頃はまだ天武の皇子が何人も生存していた。にもかかわらず元正が即位した理由は、天武系でも女性だったからである。唐は女性ならば天武系でも日本国王として黙認するという慣例がこの時から始まったのである。

元正即位を実現させたのは、唐が容認した天智系持統（高市皇子）の息子の長屋《ながや》王と、武将では物部麻呂《もののべのまろ》だった。元正即位前後には、天武皇子の穂積《ほづみ》親王、長《なが》親王、そして白壁王（後の光仁天皇）の父である志貴皇子など天武の男子が立て続けに没している。

七二四年には元正は譲位し、私見（『すり替えられた天皇』）では文武天皇と元明天皇の間に生まれた聖武天皇が即位する（神亀聖武）。母系で天智の血が繋《つな》がったのである。

この頃、大和朝廷の実権を握っていた長屋王の専権に不満を募《つの》らせていた藤原一族と、天武の晩年の子舎人《とねり》親王らに意外な協力者が現われた。それは、七世紀末の則天の内向きな政策により、中国東北部に唐の勢力が及ばなくなった時代、高句麗の後身を自称して建国した渤海《ぼっかい》である。

当時、渤海は建国して間がなく、二代目の大武芸《だいぶげい》（武王仁安《じんあん》）が周辺諸国や民族を侵略する勢いのある時代だった。大武芸は、文武天皇が対唐戦で中国東北部に遠征した際に生まれたと思われる男子を日本に送り込み、異母兄の聖武天皇とすり替え、渤海の勢力拡張を日本にまで及ぼそうと計画したのである。そして、それに呼応した大和朝廷の反長屋王派の藤原一族らと舎人親王らが長屋王に謀反《むほん》の罪を着せ、七二九年二月、一族を殺した。この年、神亀から天平《てんぴょう》に年号が変わった。渤海から来た聖武の時代になったのだ。この天平聖武の誕生の結果、日本は反唐、親渤海政策を採らざるを得なくなった。

●天平聖武（七二九〜七四九年）の時代

ところが大武芸は七三七年までに没し、渤海は唐国に冊封され臣従政策を採るようになった。聖武には後ろ楯がなくなったのである。そこで日本になじみのうすい聖武を棚上げして、藤原不比等《ふひと》の娘で皇后の光明子《こうみようし》をはじめとする藤原氏一族が朝廷を牛耳るようになった。聖武を日本に連れて来た聖武の忠臣 橘 諸兄《たちばなのもろえ》（葛城王《かつらぎ》）は、一方では光明子の同母兄という事情もあった。結局、聖武は七三八年には光明子の娘阿倍《あべ》内親王（孝謙《こうけん》天皇）の立太子を黙認せざるを得なくなったのである。

●仲麻呂一族滅亡（七六四年）における白壁王・山部王の「功績」

聖武天皇にはただ一人の男子、安積《あさか》親王がいたが、母は藤原氏ではない。しかし聖武は安積の即位に執念を燃やし、七四四年一月、恭仁《くに》京（京都府木津川《きづがわ》市）で安積親王の即位を強行する。

これに対して父の志貴皇子没後、旧百済地方に亡命していた白壁王らが高市皇子の子にして当時、恭仁京の留守役だった鈴鹿《すずか》王と秘かに連絡をとり、安積即位を阻止すべく、新羅使者（当時、百済は滅びて存在しない。百済地方から来ても新羅使者である）として軍勢を率いて来日した。そこで百済王を名乗る白壁王らは、聖武の朝廷が拒否するのを無視して恭仁京に入った。そして安積は一両日中に謎の死を遂げた。白壁王はこの貢献により初めて大和朝廷に一定の地位を確保したのである（拙著『大伴家持の暗号』）。

そして七四九年、聖武は譲位し阿倍内親王が即位して孝謙《こうけん》天皇になった。七五六年、聖武が没すると、急に藤原仲麻呂が大和朝廷の実権を握った。

この頃、唐では「安禄山の乱」が勃発し、玄宗は首都長安を去って放浪していた。仲麻呂は安禄山が渤海や中国東北部勢力を支配下に置いたこともあって安禄山側についた。そこで極東で唯一、唐国側にあった新羅を攻めることに執念を燃やしたのである。

安禄山系勢力が完全に消滅したのは七六三年だが、翌七六四年九月、逃亡途中の琵琶湖のほとりで仲麻呂は一族もろとも滅ぼされた。この仲麻呂滅亡に功績があったのが白壁王（光仁天皇）と山部王（桓武天皇）父子だったのである。

『続日本紀』（光仁即位前紀）が暗示しているように、白壁王が聖武天皇の娘、井上《いがみ》内親王という貴種と結ばれたので即位の道が開けたのではない。白壁王が朝廷に功績があったからこそ、井上内親王の夫になれたのである。

第一部

桓武とその父

第一章　諡《おくりな》は天皇の「出自」を語る

●『日本書紀』に登場する、二人の「シキ皇子」

白壁王は当時としては珍しく六〇歳を過ぎて即位した。しかも前半生の記録がほとんどない。『続日本紀《しょくにほんぎ》』（以下『続紀』）の天平九（七三七）年九月条に、無位から従四位下に叙せられたのが史上に登場した最初である。この時二九歳だが、当時、親王の子は二一歳以上で従四位下に叙せられる決まり（『令義解《りょうのぎげ》』巻四・選叙令）があるから、けして出世の早い方ではない。

この天平九年は八月までに藤原房前《ふささき》、麻呂《まろ》、武智麻呂《むちまろ》、宇合《うまかい》ら藤原四兄弟が立て続けに天然痘で死亡し、大和朝廷が空白状態になった。その間隙をついて、九月に鈴鹿王が知太政官事《ちだじょうかんじ》（現在でいう首相）に任命されたばかりだった。鈴鹿王は高市皇子の子で長屋王の弟だが、「長屋王の変」の難を免《まぬが》れた人である。この一時期、私見では高市皇子は天智の子だから、天智系復活がみられたのである。この時、白壁王が叙位されたことは、白壁王が天智系の人としての序奏と考えられる。

当時は幼帝の即位はなかったから、どんなに高位でも子供の頃から記録に残されることはない。したがって白壁王の若い時代が不明なのは当然のことだが、『続紀』の白壁王即位の条では白壁王は天智の孫とあり、田原（志貴皇子）天皇の六男とある。これより志貴は天智の子とされ、現在に至るまで疑問視されたことはほとんどなかった。しかし父親である志貴皇子には謎が多い。

『続紀』では「芝基」「志紀」などとも記載されているが、ほぼ「志貴」となっている。『万葉集』では「志貴」に統一されている。問題なのは『書紀』である。天智七年条に天智の子として施基《しき》皇子がいるが、天武二年条に天武皇子である刑部《おさかべ》皇子の同母弟として磯《し》城《き》皇子がいる。両者ともにシキと発音している。朱鳥《しゆちよう》元（六八六）年九月には、天智皇子のシキ皇子と天武皇子のシキ皇子の両者が二百戸を賜《たまわ》ったとある。このように『書紀』には確かにシキ皇子は二人いる。

しかし『万葉集』（巻二一・二三〇・二三一・二三二）には、志貴皇子が霊亀《れいき》元（七一五）年、没した時の歌が載っている。引用すると長くなるのでここには挙げないが、志貴皇子の屋敷が焼き討ちされたのを想像させる歌である。霊亀元年は元正天皇の即位した年だから政争による遭難を推測させる。この時、息子の白壁王は七歳だった。

『万葉集』巻一（八四）の最後は志貴皇子邸での宴会に列席した天武の子、長皇子との歌だが、この歌は志貴が天武の子であることを推定させている。

長皇子、志貴皇子と佐紀宮に倶《とも》に宴する歌

秋さらば今も見るごと妻戀《ご》ひに鹿鳴かむ山そ高野原の上

右一首　長皇子

口語文では「秋になったら今も見ているような気がするが、妻を恋しがって鹿が鳴く山となるだろう。この高野原のあたりは」となる。しかし万葉仮名（漢字ばかりの詠《よ》み）では「秋さらば」が「秋去者」と表記されている。つまり「秋が去ったならば」なのである。「秋が去ったならば高野原の上の山で妻を恋う鹿を今も目にみえるような気がする」となる。

しかし秋が去ったならば冬が来るに決まっている。鹿の発情期は晩秋から初冬にかけてであり、盛んにこの頃、雄鹿が鳴くのは間違いないが、これは政治的な意味を持つ歌なのである。中国東北部の松花江《しょうかこう》付近にかつてあった扶余《ふよ》という国は「扶余の鹿」といい、鹿で有名だった（『新唐書』／以下『新』・北狄《ほくてき》）。高句麗の始祖はその扶余から、紀元一世紀

「五行思想」が表わすこと

干支との配当関係

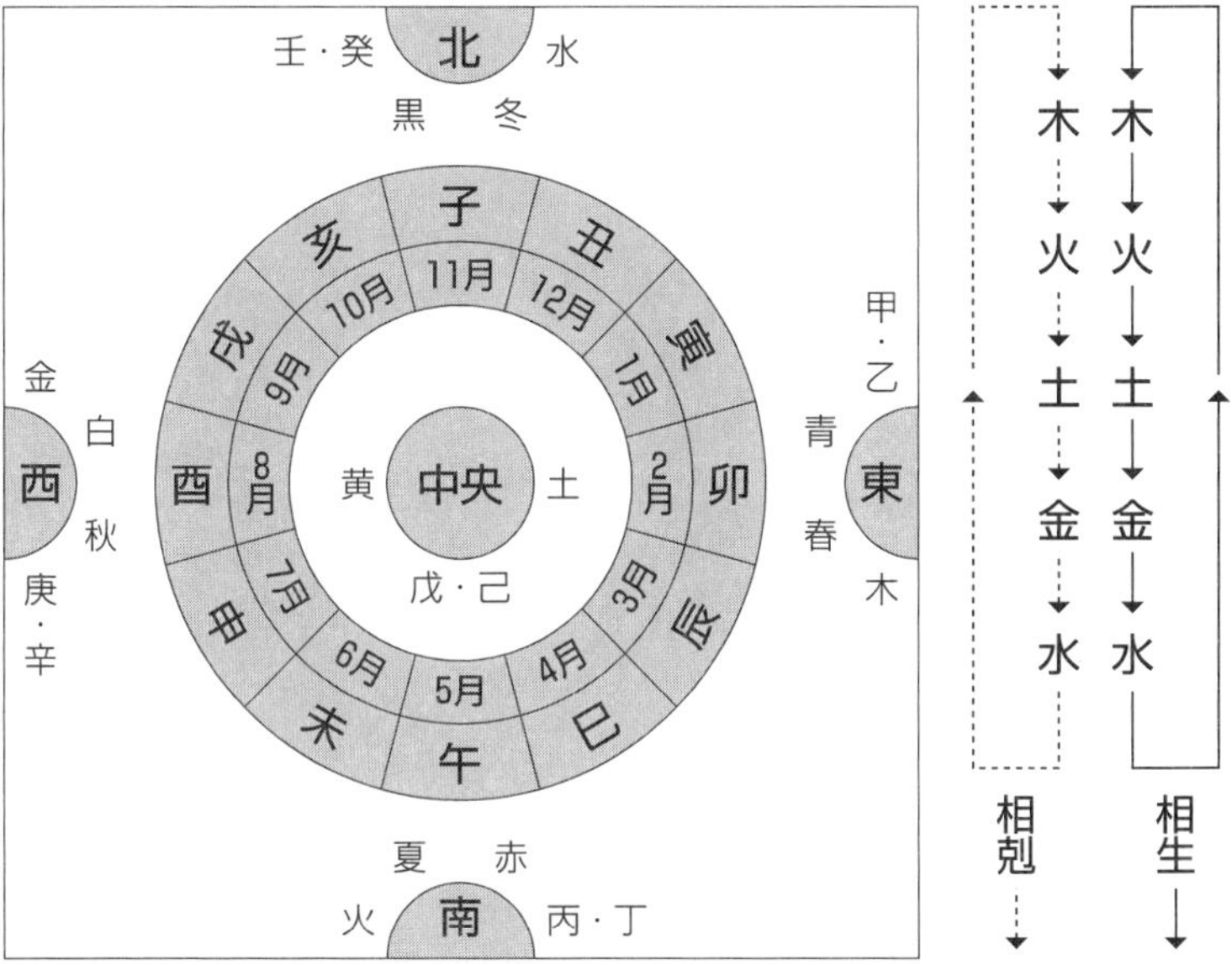

方位や色との配当関係

五常または五徳	五行	星	方位	正色	四神	四季	天の数	地の数	肉
仁	木	歳　星(木星)	東	青	青龍	春	3	8	犬
義	金	太白星(金星)	西	白	白虎	秋	9	4	鶏
礼	火	熒惑星(火星)	南	赤	朱雀	夏	7	2	羊
智	水	辰　星(水星)	北	黒	玄武	冬	1	6	豚
信	土	塡　星(土星)	中央	黄			5	10	牛

中国では古代から陰陽思想があったが、戦国時代ごろに、森羅万象はことごとく木・火・土・金・水の五つの成分からなるという五行思想と結びつき、陰陽五行思想となった。

五行それぞれには、色・方向・季節・動物・数字・星などが決められて配当されている。木・火・土・金・水の順番を相生（そうしょう）といって、「木が火を生む」というように表現する。逆を相剋（そうこく）という。

また、五行は干支にも配当され、人間は生年月日の干支に備わっている五行の組合せによって運命が決まると考えられた。

頃に南下してきたのである。高野原という山も実際に佐紀《さき》の宮（奈良市佐紀町）から見える山ではない。高野原の「高」は高句麗の「高」を暗示しているのだ。

五行思想では、前ページの表のとおり天智は秋の人であり、天武は春の人である。したがってこの歌の意味は「天智の秋が去ったならば、かつてのように高句麗の高氏、つまり天武の時代がくる」という意味なのである。

長皇子は天武の子で弓削《ゆげ》皇子の同母兄である。志貴皇子がもし天智の子ならば、長皇子がこのような歌を志貴の前で詠むはずはない。おそらくこの歌は、天智の娘の元明天皇時代に雌伏《しふく》していた天武皇子らの思いを代弁して詠まれたものと思われる。しかし間もなく同じ天武系（天武の子、草壁皇太子の娘）の元正が天智系の長屋王に擁立されて即位した。長皇子と志貴皇子、両者は長屋王の政敵として相前後して殺される運命にあったのだ。『万葉集』の編纂には大伴家持がかかわっているが、巻一の最後にこの歌を持ってきた意図は何だったのか。

●捏造《ねつぞう》された皇子

家持の晩年は桓武朝にかかる。光仁天皇の父、志貴皇子が天武系であるという真相をそれとなく後世に伝えたかったのだろうか。

『書紀』では天武の子、磯城（志貴）皇子の同母兄である刑部皇子は文武朝（六九七〜七〇七）になって急速に出世し、初代の知太政官事になった。『続紀』では天智の子、志貴皇子も大宝《たいほう》三（七〇三）年、近江の鉄穴（鉄鉱山）を賜ったとある。おそらく志貴皇子は軍事担当者だったのだろう。慶雲《けいうん》四（七〇七）年六月の文武天皇の葬儀の際は、三品《さんぼん》（皇族の位階。親王相当）の皇族として筆頭に挙げられている。志貴皇子は天武系天皇の文武の時代に最も脚光を浴びていたのだ。このことも志貴が天武系皇子だったことの証明になろう。

では志貴皇子はいつから天智の皇子とされたのか。『万葉集』が成立したのは奈良時代、家持最後の天平宝字《ほうじ》三（七五九）年の歌以後であることは間違いない。ただし『万葉集』は九世紀の終わりから一〇世紀前半の醍醐《だいご》天皇の時代、二〇巻に再編成したとされている。『書紀』は一応、元明朝の七二〇年成立ということになっているが、嵯峨《さが》天皇の弘仁《こうにん》年間（八一〇〜二四）からそれ以後も何回か編成しなおされている。

その点、『続紀』は延暦《えんりやく》一六（七九七）年に完成してから大きな改定を加えられた様子はない。最も信頼のおける史料といわれる。しかし『続紀』は正史として同時代の史料であってみれば、最初から史実を時の為政者によって歪曲《わいきよく》されている可能性が高いのも事実である。

『続紀』が書かれた時代、桓武天皇が最も重要と考えたのは、父の光仁も含めて日本が天智天皇以来、天智系のみが天皇であるということを国の内外に知らしめることだった。そこで『続紀』でまず、白壁王の父、実は天武天皇皇子磯城を天智皇子の志貴と改竄《かいざん》した。しかしそれでは『書紀』との整合性がとれなくなる。そこで平安時代以後、『書紀』が改訂された時、天智皇子の施基を捏造《ねつぞう》した。しかし天武の子の磯城皇子をなぜか抹消していない。編者はわずかに歴史家としての意地をみせたのだろうか。

『万葉集』は奈良時代に聖武天皇の勅命《ちょくめい》で成立しながら、平安時代初めまで世間に知られなかったのは、桓武が係《かかわ》って『万葉集』を焚書《ふんしょ》させたとみていたが、現在、私は何事にも慎重だった編者の家持自身が光仁朝以後、隠蔽《いんぺい》したと推測している。この時代の人は今と違って五行思想に詳しかったから、『万葉集』の長皇子の歌を見れば白壁王が天武の孫である事実が一目瞭然分かったに違いないからである。

光仁天皇の子で桓武朝の皇太子だった早良親王の春宮大夫《とうぐうだいぶ》でもあった家持は、曲筆した『万葉集』を世に出すよりも隠匿する方を選んだのである。家持が『万葉集』を破棄しなかったのは、やがて世に評価される時がくることを疑わなかったからと信じたい。

●聖徳太子の子孫の天皇に必ずつく文字とは

しかし志貴皇子が天武の子だったとするならば、なぜ光仁天皇の諡《おくりな》に天武系の「武」の字がつかないかが問題になってくる。光仁の諡は漢風諡にしても和風諡にしても、子の桓武天皇が係っていたことは間違いない。当時、光仁天皇が天武系であることを国内外に隠蔽しなければならなかったから、あからさまに「武」の字はつけられない。ところが私からみれば「武」の字こそ直接的についていないものの、光仁の漢風・和風諡のどちらも秘かに天武系であることを物語っているのである。

まず漢風諡の光仁だが「光」の発音は高句麗の姓「高」と同じである。天武は五行思想でいえば木徳《もくとく》だが、木徳は五徳でいえば「仁」である。このように光仁とは秘かに天武系を示す諡なのである。

和風諡は「天宗高紹《あまむねたかつぐ》」という。和風諡に「天」がつくのは皇極《こうぎょく》天皇の「天豊財重日足姫《あめとよたからいかしひたらしひめ》」に始まり、『書紀』最後の持統朝まで続く。聖武朝以後は聖武と光仁、平城《へいぜい》の三人のみで女帝には「天」はつかない。『書紀』によれば天武は天智の同母弟ということになっているから、皇極の血筋は天武で断絶しているとはいえないのである。しかし私は何回も記しているように、天武は皇極の子ではないと思っている。その理由の一つは、皇極（斉明《さいめい》）天皇の臨終に立ち会っているのは中大兄皇子と間人《はしひと》皇女のみで、大海人皇子は枕《ちん》頭《とう》にいなかったことである（大安寺《だいあんじ》所有『大安寺伽藍縁起幷流記資材帳』）。

それにしても、『書紀』では天皇の直系にない女性の皇極が即位できたのは、突厥可汗《とっけつかがん》達頭《タルドウ》が日本に来て倭王タリシヒコ（聖徳太子）になる前に生まれた娘だったからである（拙著『陰謀　大化改新』）。したがって次に即位した皇極の弟、孝徳《こうとく》天皇も当然達頭の子だから「天」がつく。つまり聖徳太子の子孫の天皇の和風諡は、すべて「天」で始まるという法則を作っている。

●天武は「聖徳太子の子」である

中央アジアのタクラマカン砂漠の北方、ほぼ中央に現在はクチャと呼ばれている紀元前後より栄えたオアシス都市がある。七世紀の前半には「屈支」あるいは「亀茲」と表記され、唐ではクーシィーと発音されていたという。

そこで『古事記』にみえるニニギノミコトが天孫降臨した高千穂の久士布流多気《くしふるたけ》は、屈支に由来していると思われる（拙著『二つの顔の大王』）。『先代旧事本紀』の巻六は「皇孫本紀　亦天孫」というが、ここではニニギノミコトは筑紫《つくし》の日向高千穂《ひゅうがたかちほ》のクシフルの峰に天下ったとある。『先代旧事本紀』から判断すると、天孫族とはニニギノミコトのみを指しているらしい。

突厥の達頭こと聖徳太子のルーツはアルタイ山脈の金山《きんざん》といわれているが、南西に下ればタクラマカン砂漠北方のオアシス都市クチャ（亀茲）である。このあたりは古来より匈奴《きょうど》や突厥などの遊牧民が最も活躍した場所である。そこからみえてくるのは、日本神話にあるニニギノミコトの天孫降臨とは達頭の日本上陸を神話化、あるいは投影したものであるということである。したがって狭義の意味の天孫族とは突厥の達頭、すなわち聖徳太子の子孫のみを指すようだ。

では天武が皇極の子ではないのに「天渟中原瀛眞人《あめのぬなかのおきのまひと》」と天がつくのはなぜか。天武は『書紀』にみえる皇極の前夫高向王《たかむく》との間の子、漢皇子《あや》と誰も推測できるが、それも確証はないし、養父であったかも知れない。私見（『白虎と青龍』他）では天武は六二三（推古三一）年生まれである。聖徳太子は前年の六二二（推古三〇）年に没したことになっている。私はかなり前から気づいていたが、ここではっきりしたい。**天武は聖徳太子の最晩年の子であり、今でいう認知された子ではなかった。**

それにしてもなぜ、出自が隠されたか。それは明らかに倭王だった兄の山背大兄《やましろ》一族を滅ぼした張本人だったことと、聖徳太子の死後、生まれたので認知されなかったのではないか。天武は若い頃、韓三国はいうにおよばず、達頭の故地である中央アジアから西アジアまで放浪していたふしがある。聖徳太子が異国人であるように、天武もまた異国人だったのである。

話を元に戻すと光仁の和風諡は天に続いて「宗」がある。宗は血族の本筋をいう宗家を意味しよう。そして次の「高」はいうまでもなく高句麗高氏の「高」である。「紹」は引き継ぐという意味を持つから、「天の宗家高氏を引き継ぐ」という意味になる。光仁は諡からしても紛《まぎ》れもなく天武系の人だったのである。

●白壁王と百済の密接な関係

白壁王は父親の志貴皇子が殺された時、百済に亡命したと私は推測した。それには天武の妃《きさき》から続く、母方は百済系という手がかりがある。『書紀』には忍壁《おさかべ》（刑部）・磯城《しき》（志貴）皇子の母は宍人臣大麻呂《ししひとのおみおおまろ》の娘とある。大麻呂はこの条以外にまったく『書紀』には登場しないので身分は低かったのだろう。したがって娘も采女《うねめ》クラスと思われる。しかし天武は気に入っていたとみえ、両者の間には他に娘二人がいる。この頃、宍人部《ししひとべ》という獣肉を調理する役職があるから、それに関連した名である。

『書紀』にもう一度個人名として宍人がみえるのは崇峻《すしゅん》天皇二（五八九）年七月、宍人臣鴈《かり》を東海道に遣わせて海沿いの諸国の国境を調べさせたとある。崇峻自身は蘇我馬子《そがのうまこ》によって五九二年に殺されてしまうが、欽明《きんめい》天皇の十二男とある。私見では欽明は百済の聖明《せいめい》王自身で、この頃、倭国王を兼任し、倭国は実質的には蘇我一族が治めていたと思っている（拙著『二つの顔の大王』）。そうすると、崇峻の家臣だった鴈もこの条以外にみえないところからみて、百済から派遣された人だったことが想像される。

高句麗将の蓋蘇文（天武・大海人）は、六六三年の「白村江の戦い」前後には高句麗・百済・新羅三国を頻繁に行き来している。おそらくこの頃、百済に帰って土着していた鴈の子孫、宍人臣大麻呂の娘を後宮に入れたのだろう。

このように白壁王と百済の関係は父親の志貴皇子の母方から始まるが、志貴皇子の妃、つまり白壁王の母も百済と関係する。白壁王の母は紀諸人《きのもろひと》の娘だが、諸人個人にかぎっては白壁王の祖父というだけで朝廷に関与していた人ではない。しかし欽明二三（五六二）年、任那《みまな》復興を目指して新羅との戦いに敗れた大将軍に紀男麻呂《おまろ》がいる。男麻呂は崇峻四（五九一）年にも崇峻の命により再度任那復興のため筑紫に出兵した。ところがこの間に、崇峻は戦いを好まない蘇我馬子の派遣した東漢直駒《やまとのあやのあたいこま》によって殺された。

この後、男麻呂がどうなったかは不明である。男麻呂は崇峻の忠臣だったから、崇峻を殺した馬子の支配する倭国にいられるはずはない。おそらく百済に帰国したことだろう。このように志貴皇子の母も妃も、百済王と倭国王を兼任した聖明（欽明）王から崇峻天皇の頃に活躍した百済系の出自の人だったのである。

そこで導きだせるのは志貴皇子が暗殺され、行き場のなくなった幼い白壁王は母方の旧百済領内の男麻呂の所在地に亡命したのではないかということである。そして白壁王の妃で桓武天皇の母、和《やまとの》（高野）新笠《にいがさ》の出自は、百済の武寧《ぶねい》王の後裔といわれる（『新撰姓氏録』左京諸蕃下）。このように白壁・桓武父子の母系はすべて百済系だから、白壁王が母方の旧百済地で育ったとしたら、すでに百済は滅ぼされた後なので、逆に百済の遺臣が白壁王を中心に結束することも考えられる。白壁王が百済の天智系を自称するにはこのような背景があったのである。

●誰が「即位」を阻止したのか

七三七（天平九）年は、聖武を日本に招聘《しょうへい》し、長屋王一族を殺すのを主導した藤原宇合《うまかい》をはじめ藤原四兄弟が没し、知太政官事に鈴鹿王がなった年である。しかし聖武に痛手だったのはこの年、渤海の大武芸が没し、渤海が唐と和解したことだった。翌七三八（天平一〇）年一月、藤原四兄弟の死で行き先が不安になった光明子と鈴鹿王が、渤海という後ろ楯を失った聖武に逼《せま》ってのことだと推測するが、阿倍内親王（孝謙《こうけん》）が立太子した。そして七四三（天平一五）年六月には、親唐派の吉備真備が春宮大夫となって阿倍内親王を補佐した。

しかし聖武は諦めていなかったようだ。同七四三（天平一五）年一二月、聖武は天皇の位を示す威儀《いぎ》（儀式）の品々と璽印《じいん》のすべてを平城京から恭仁《くに》京に運ばせ、翌七四四（天平一六）年正月の安積《あさか》の即位式に備えた（拙著『争乱と謀略の平城京』）。

このようにして天平一六年正月に安積は即位式を行なったが、新羅使者（旧百済領から来た白壁勢）が来るとの情報を得ると、閏《うるう》（暦の調整上、一月が二回ある年をいう）一月、聖武は安積とともに急ぎ難波《なにわ》宮に避難しようとした。この頃、聖武は首都を恭仁京として安積に統治させ、自らは難波宮に隠棲し、平城京を放棄するという意思があったようだ。しかし何かの情報が入ったらしく、安積のみ恭仁京に引き返し、その日（閏一月一三日）のうちに謎の死を遂げた。当時恭仁京の留守役は鈴鹿王と藤原仲麻呂だった。

翌二月に、何の理由も記されていないが、安積が没したばかりというのに百済王三人が叙位された。

その筆頭は女天《じょてん》といい、親王の子の最初の叙位である従四位下を授けられた。この叙位は明らかに安積即位を阻止した功績によるものと思われる。もちろん聖武がするわけはない。光明子と吉備真備ら安積即位に反対する親唐派だっただろう。聖武は難波宮で安積の死を聞くと病になったという。私はこの百済王女天こそ白壁王と考えている（拙著『争乱と謀略の平城京』）。

前年の七四三年は、新羅では反聖武の景徳《けいとく》王が即位したばかりだから、白壁王は正式に新羅使者として景徳王の承認を得て安積即位阻止のため来日したと思われる。日本として正式な新羅使者なら叙位するのは慣例である。

そして景徳王の背後には唐の玄宗が存在した。玄宗は大宝元（七〇一）年に日本から入唐した僧侶の弁正《べんしょう》と、即位前の自由な時代、碁《ご》友達だったとあることからみても（『懐風《かいふう》藻《そう》』）極東の事情に詳しい人だったことは間違いない。

●天平九年という節目の年

『公卿補任《くぎょうほにん》』には、白壁王は七三七（天平九）年に百済王女天と同じ従四位下を授けられたとある。『続紀』には同年九月条にみえる。白壁王が叙位された七三七年は、鈴鹿王が知太政官事になった年だが、藤原四兄弟が相次いで没し、「安禄山の乱」の時に唐に反抗していた渤海が再び唐に臣従することになった年でもある。

朝廷が不穏なこの時期、東北では吐蕃などの狄《てき》が侵入して反乱を起こしており、天智の忠臣だった大野果安《おおののはたやす》の子、大野東人《あずまひと》が狄を帰順させることに努めていた。白壁王は天智系として東人に助力をし、その功績により鈴鹿王によって叙位されたのではないだろうか。この頃の東北は大野東人という天智系の将軍によって治められていたのである。

ちなみにこの年、山部王、後の桓武天皇が生まれている。従って桓武は日本だが、東北地方で生まれた可能性がある。七三七年の白壁王の叙位は、すくなくとも鈴鹿王が白壁王の将来を約束したことを示すものだろう。ゆえに白壁王が七年後の七四四（天平一六）年二月、百済王女天の名で来日し、安積親王の即位を阻止した時に授けられた叙位は、鈴鹿王個人ではなく公式に授けられた。すなわち百済から来た百済王女天としての叙位だったと推測される。

ところで、鈴鹿王の姉妹の山形《やまがた》女王は安積王の事件のあった約一年半後の七四五（天平一七）年八月に、鈴鹿王自身は同年九月に没している。この後、知太政官事という役職は置かれなかった。すべて天皇に仕えるだけの大臣のみとなったのである。このことからみても聖武は鈴鹿王の裏切りに気づいたのではないかと思う。

●『万葉集』に歌われた橘諸兄の心変わり

では聖武の忠臣であると同時に藤原光明子の同母兄の橘諸兄はどうしただろうか。安積親王は天平一六（七四四）年閏一月に没したが、その二カ月足らず後の四月五日付の大伴家持の歌から想像させるものがある『万葉集』（巻十七 - 三九一六）。

橘のにほへる香かも霍公鳥《ほととぎす》鳴く夜の雨に移ろひぬらむ

口語訳にすると「橘の香りだろうか。香りだろう。霍公鳥が鳴く夜の雨に移って消えてしまったのは」となる。「橘」は橘諸兄で「霍公鳥」は天武を表象する鳥である。この場合、霍公鳥は天武の孫である白壁王を暗示している。ここで問題なのは、夜の雨に打たれて花の香りが消えたことを「移る」と表現していることである。つまり橘諸兄は夜の雨、暗闇にまぎれて、あるいは秘密裡に霍公鳥である白壁王側に移った。心変わりをしたのか？　したらしいという歌と解釈される。

諸兄としては聖武の安積即位計画は聖武の暴走であり、積極的に賛同するはずはない。聖武の晩年になって、諸兄が致仕《ちし》を申し出て聖武も認めたのは、この時の意見の不一致からであり、両者の関係は冷え込んでいたのが実情と推測される。

鈴鹿王と同じように恭仁京の留守役だった仲麻呂は、順調に出世するところからみて、直接安積親王暗殺に加わっていないとみられる。しかし聖武が知らなかっただけで、白壁王が仲麻呂時代に出世していくところをみると、黙認はしていたかもしれない。

●唐に「対等関係」を要求した遊牧民族

それにしても、このように国内と新羅でまったく孤立しながらも、独断で聖武が安積を即位にまでこぎつけられたのには渤海の存在があった。渤海は当時、大武芸が没し、その後五〇年以上も渤海王の位にある大欽茂《だいきんも》（文王《ぶんおう》・大興《だいこう》）が即位して間もない頃だったから、まだ勢いがあったようだ。大欽茂は安禄山の勢力が盛んな時には雌伏していたが、勢力が弱まるとたちまち反抗を始めているところからみて、聖武は秘かに大欽茂に期待するところがあったのではないか。

そのうえ唐国の事情が存在した。唐の最盛期は玄宗時代と考えられているが、則天時代に引き続き、遊牧民、特に吐蕃の侵寇に悩まされていた。七〇五（神龍元）年、吐蕃は婚姻を求めて来たので、中宗《ちゅうそう》は太宗時代（六四一）に文成公主《ぶんせいこうしゅ》が降嫁して以来二度目、金《きん》城《じょう》公主を降嫁させた。

しかし、さして効果はなく、玄宗が即位して間もない七一四（開元《かいげん》二・和銅《わどう》七）年には吐蕃が十余万の兵をもって周辺を侵寇した。そのうえ、「敵国の礼」を求めて来た。「敵国の礼」とは臣従関係ではなく対等の国としての対応を求めるという意味である。倭王タリシヒコ（達頭）が「日出《ひいづ》るところの天子、日没するところの天子に書を致す」という書簡を煬帝に送り、対等の関係を求めたのと同じ意味を持つ。煬帝は不満に思ったとあるが、玄宗も大いに怒ったという。しかし七二〇年代後半あたりから、唐は吐蕃と共闘して唐に反抗して戦っていた回鶻を吐蕃と離間させ、回鶻を唐側にすることに成功した。それから事態は唐に多少有利になってくる。

そこで七二九（開元一七・天平元）年、吐蕃は講和を申し込んできた。この後、一〇年近く、唐と吐蕃の関係はやや平穏だったが、七三七（開元二五）年頃、渤海の大武芸が死んで渤海勢力が一時、衰えた頃から吐蕃は再び周辺の侵略を始めた。その連鎖反応により日本でも先に述べたように狄の反乱が起きていたのである。

七四一（開元二九・天平十三）年春には吐蕃が金城公主の死を告げ、講和を申し込んできたが、積年のことがあるので玄宗は許そうとはしなかった。しかしこの時代、唐の正規軍ではとうてい周辺民族に対応しきれなくなり、次第に周辺民族に冠位を授けたので唐の軍勢は回鶻・雲南（南詔《なんしょう》）などの周辺民族の傭兵《ようへい》が主体になってくる。

●「謎の四世紀」に日本列島を支配した慕容氏とは

このように中国東北部から日本の東北地方まで吐蕃が侵略するようになったが、それを阻止したのは「安禄山の乱」を引き起こす安禄山の勢力だった。安禄山は中国東北部のかつての鮮卑慕容《せんぴぼよう》氏の本拠地・営州柳城《えいしゅうりゅうじょう》の出身で、父は雑種の胡人（ペルシア系の混血）、母は突厥といわれている。

遊牧民族の鮮卑慕容氏は、早くも三世紀には半島に進出していた。日本列島と関係も深い。

三国時代の三世紀前半、半島を支配していた公孫《こうそん》氏が滅び、卑弥呼《ひみこ》が魏《ぎ》に使者を送ったのは有名な話である。しかし魏の幽州刺史《ゆうしゅうしし》毌丘儉《かんきゅうけん》が二五五年に司馬《しば》氏の晋《しん》に敗れて、魏の勢力は半島から一掃される。この時、司馬氏側にあった鮮卑族の慕容氏が公孫氏の故地である帯方郡《たいほうぐん》を含めた百済地方を支配した。

やがて慕容氏は、西晋が滅びると三一七年に東晋の建国に貢献してから、半島から列島まで支配を広げた。列島では帯方郡からくるタラシ系王朝といわれ、垂仁《すいにん》天皇（三一三〜三三六）から始まり、景行《けいこう》（慕容儁《しゅん》《ヤマトタケル》三三七〜三四七）・成務《せいむ》（武内宿禰《たけうちのすくね》）・仲哀《ちゅうあい》と三七五年頃まで続く。当時の新羅王奈勿《なこつ》も、百済の近肖古《きんしょうこ》（日本では仲哀）王との関係はよかったところからみて慕容氏系だったらしい。

仲哀は慕容氏の奈勿王を攻めるのに消極的だったので、神功皇后《じんぐう》（高句麗に本拠を持つ匈奴の劉淵《りゅうえん》の家臣、陳元達《ちんげんたつ》の娘と考えられる）勢力が単独で三六四年に新羅に侵攻した。新羅征伐の意見の対立から神功皇后は仲哀との連合を解消し、仲哀は百済に戻って近肖古王になった。そこに三八〇年前半、五胡一六国の一つ、氐《てい》族の苻《ふ》氏一族が分裂して敗れた符《ふ》洛《らく》（応神《おうじん》）が九州に上陸したので、神功皇后勢力は応神と共闘して慕容氏系を滅ぼし、列島から半島を支配することになる（拙著『解読「謎の四世紀」』）。

●玄宗の極東政策は混乱する

ところで安禄山は、七四二（天宝元）年に柳城太守になった時には、すでに渤海や黒水《こくすい》靺鞨《まつかつ》を経略して支配下に置いていたという（『新』・吐蕃上）。この時から七五五年に唐朝に反乱を起こすまで、安禄山は唐の官職をもって私兵を蓄え、唐王室の承認を得ることなく渤海をはじめ周辺民族を支配下に置いていたのである。

日本も例外ではなく結局、藤原仲麻呂は安禄山側になり唐に敵対することになる。安禄山を信じきっている玄宗は当時、北西からの吐蕃の侵略に消耗し、極東は安禄山に任せざるを得ない事情があった。聖武はその間隙を縫《ぬ》って、渤海を通じて安禄山の支持もとりつけて安積王の即位を強行したようである。親唐の吉備真備らも渤海や安禄山勢力に阻《はば》まれ、直接、遣唐使を派遣して唐国の指示を得るわけにはいかなくなっていたのである。

初唐時代と違って唐の直属の軍隊は極東に駐留することなく、軍兵は周辺民族によって形成されていた。しかし情報は碁仲間の弁正の存在をみても分かるように、玄宗の耳に直接入っていたのだ。玄宗以後の粛宗《しゅく》・代宗《だい》は、ほとんど宦官《かんがん》からの情報であり、宦官は贈物の多寡《たか》によって判断したから、極東に対して混乱、そして矛盾した政策をとるようになっていく。

渤海もこの時は安禄山勢力に雌伏していたが、本意であるはずはなく、安禄山勢が滅びるか滅びないうちに唐本国に使者を送っている。

しかし、この時、忘れてはならないのは終生親唐の新羅景徳王の存在である。新羅を通じてか、日本人の誰かは分からないが、聖武の安積即位の野望を玄宗の耳に入れ、玄宗の同意を得て景徳王の発した正式な新羅使者として、白壁王は安積即位を阻止すべく来日したと思われる。

●「太陽が耳輪をした」の意味とは？

白壁王ら新羅使者の来日によって安積が没し、愁眉《しゅうび》を開いた光明子や親唐派の吉備真備らは七四九年、聖武を譲位させて、唐が黙認する女帝孝謙即位にこぎつけた。

白壁王は聖武の娘の井上内親王と結ばれ、他戸《おさかべ》皇子が生まれているところをみると日本に定着したらしい。白壁王は潜龍《せんりゅう》（嫡子ではないが即位の野望を持つ者）の時代、温厚にして悠揚せまらざる性格だったが、他の親王及びその子たちが即位の野望を持つとされ変死の憂き目に遭《あ》うのを数多くみてきた。

そのため普段から大酒を飲んで本心を隠していたので、その韜晦《とうかい》のおかげで災害を逃れることが度々あったと『続紀』(宝亀《ほうき》元年条)にみえるが、この時代のことだろう。父親志貴皇子の非業の死は白壁王の生き様を慎重にさせたようだし、子供の頃の過酷な体験は白壁王をして酒で憂《う》さを晴らす習慣を身につけさせたのかも知れない。白壁王の前半生は、まさに隠忍《いんにん》自重《じちょう》の日々だったと思われる。

聖武の生前は、当然ながら白壁王の昇進の記録はない。しかし、安積即位阻止の功をもってのことと思われるが、七五六年の聖武没後の翌七五七(天平宝字元)年までは正四位下だったのが、その翌年の天平宝字二(七五八)年には正四位上、さらに翌淳仁《じゅんにん》天皇の天平宝字三(七五九)年には一挙に従三位と位が上がった(『公卿補任』)。

正四位と従三位の間は一階だけだが、この一階には格段の差がある。三位になると昇殿が許され、高官になったということである。前年の八月には孝謙が藤原仲麻呂の推す淳仁に譲位している。白壁王の昇進には孝謙譲位に賛同したという貢献が考えられる。

吉備真備は最後まで白壁王即位に反対だった(『日本紀略』/以下『紀略』)。真備が孝謙の忠臣だったというだけではなく、もともと白壁王が仲麻呂に引き立てられて出世したという、ある意味、仲麻呂とは同罪ではないかとの不信感が律儀な吉備真備にあったことは想像に難くない。しかし、白壁王が孝謙譲位と淳仁即位に賛同して仲麻呂の意に迎合しただけで、このように格別の昇進をするわけはない。

残念ながら渤海の史料がまったく残されていないので憶測の域を出ないのだが、この頃、光仁の長子である山部王（後の桓武天皇）は二〇歳を過ぎた成人である。後の山部王の動きからみて、半島にあって中国東北部の勢力と結び、反日の新羅景徳王への攻撃を強めていたようである。その結果、七六一（天平宝字五）年に景徳王は中国に亡命することになったのではないかと推定される（『資治通鑑』／以下『通鑑』）。

このことは「新羅本紀」（以下「羅紀」）から察せられる。景徳王の亡命した七六一年は景徳王二〇年だが、一月朔《ついたち》条に「虹貫日、日有珥《じ》」とある。「虹が太陽を貫《つらぬ》き、日が耳輪をしたように見えた」というのである。

虹はもともと中国では不吉な天象とされているが、それが王を表象する太陽を貫くのだから、王にとってはクーデターの不吉な予兆とされている。同じ予兆は中国・日本・新羅（『三国史記』）の史料に、しばしば王にとって不吉な事件の前触れとして出てくる。しかしこの現象は、当時の景徳王が安泰であるはずはないので具体性がなく、さして参考にはならない。問題なのは次の「日有珥」である。

これに似た天象は晋の義熙《ぎき》元（四〇五）年五月条に「日有彩珥」（『晋書』志二天文中）と

ある。「日が美しい耳輪をしたようだった」というのである。四〇五年は『書紀』でいう応神一六年で、新羅を攻めた葛城襲津彦《かつらぎのそつひこ》が凱旋した年である。「羅紀」によると実聖尼師今《じっせいにしきん》四年にあたり、四月に慶州付近まで攻め寄せた倭兵を撃退して破り、三百余人を殺したとある。またこの年は中国東北部にあった五胡一六国の一つ、慕容鮮卑の燕国の慕容熙《き》が高句麗に攻め込んだ年でもある。

仲麻呂は盛んに新羅を攻撃しようと準備していたが、実際に新羅攻めをしないうちに殺された。しかし景徳王にとって日本の攻撃は脅威である。したがって仲麻呂の計画は、『晋書』にみえる変異の記述の倭国勢に該当しよう。一方の慕容熙の高句麗攻めは、安禄山の死後、まだ中国東北部に勢力を伸ばしていた安禄山勢力に対してのことを指すと思われる。それだけでなく安禄山勢力が消滅すると、すぐに朱泚《しゆせい》などの土着軍事勢力が勢力を持つ。後に述べるが、山部王はこれら地方軍事勢力と結んでいたから何かと新羅に圧力をかけていたようである。

このように北と南から挟撃される状態になったので、景徳王は前年に恵恭《けいきよう》王を太子に定め、この年、唐に亡命したのである。

●父の出世を支えた山部王＝桓武

翌天平宝字六（七六二）年一二月には白壁王は中納言になっている。景徳王の亡命に白壁王が直接係ったとは思われないが、息子の山部王の功績により昇進したのだろう。このように息子の海外での活躍により、白壁王は仲麻呂全盛時代にも順調に昇進していたのである。

『公卿補任』には、仲麻呂が反逆者とされた七六四（天平宝字八）年九月一一日に、白壁王は正三位に叙せられたとある。この年月日は仲麻呂の謀反が暴露された日、つまり朝廷側から一挙に逆賊とされた日である。当日、叙位があるはずもなく、もちろん『続紀』にはみえない。『公卿補任』が仲麻呂の失脚と白壁王の正三位に叙せられた日を同一にしているのは、仲麻呂討伐を決断したのが白壁王であり、その功績をもって正三位に叙せられたことを暗示しているのかも知れないと私は考えている。

そうすると、それまで白壁王は仲麻呂側にあったのに一転、仲麻呂を追討する決断をしたとしか考えられない。その理由は何なのか。

旧百済地で育った白壁王は、仲麻呂よりはるかに東アジアの情勢に通じていた。すでに安禄山勢力の命運が尽きていたことはもちろん知っていた。仲麻呂が反唐、反新羅政策を続けるだけならまだしも、すでに安禄山の乱も終焉《しゅうえん》したこの期に及んで新羅に軍事攻撃を行なうならば、唐も黙認するわけにはいかず、周辺民族を駆り出して日本に総攻撃をかけるだろう。

日本全体が戦乱にまきこまれる。勢いに乗った吐蕃や中国東北の勢力が唐のお墨付きを持って、いわゆる錦《にしき》の御旗《みはた》をかかげて日本への占領を正当化するだろう。この緊急事態に仲麻呂の降す昇進の叙位を喜んでいる場合ではない。これが白壁王の決断だったのではないか。

白壁王がかく決断した時、なぜ政局が動いたか。それは白壁王の息子、山部王に軍事力があったからである。実際、後述するが、山部王が新羅から兵団を率いて仲麻呂追討に加わっている。当時、日本国内の軍事はすべて仲麻呂一族が独占していたから、他の藤原氏をはじめ朝廷としては、仲麻呂一族の独裁をどうすることもできなかったのである。

仲麻呂一族が滅びると、弓削道 鏡《ゆげのどうきよう》が即位の野望を顕《あら》わにしたが、あくまでも称徳天皇の後ろ楯あっての道鏡だった。朝廷を事実上動かせる者はこの頃、白壁王のみだったのである。道鏡の全盛時代の天平神護《じんご》二（七六六）年には白壁王は大納言になったが、この昇進は道鏡が白壁王を敵に回したくはなかったからに過ぎない。

第二章　藤原仲麻呂の滅亡と光仁天皇の即位

●「吐蕃《とばん》」とは、どのような民族なのか

突厥が唐朝に埋没した後、アジア全体の広範囲に勢力を張った吐蕃《とばん》とはいかなる民族だったのだろうか。漢代の西羌《せいきょう》という民族の後裔で、青海《せいかい》が発生の地という説もあるが、いずれも確実ではないとされている。現在のチベット人の祖先と考える人もいるが、当時の吐蕃は広範囲に勢力を持っていたから、民族だけではなく人種的にも多様だったようだ。

禿髪《とくはつ》が訛《なま》って吐蕃となったともいわれる。禿髪とは頭髪の一部を剃《そ》っているのをいうから、清朝の辮髪《べんぱつ》に近いのだろう。吐蕃の特徴は目上の者に挨拶する時、両手を地につけて犬のようにほえたという。生活は他の遊牧民と大同小異で、長幼の序はあまりなく、殉死の風習があったという。突厥がそうだったように一部、上層部には仏教の信奉者がいたようだ。

高句麗が六六八年、滅ぼされると、吐蕃は中国東北部から半島、列島（東北地方）まで

南下し、唐国は騒然となったので、高宗は百済・高句麗両国を滅ぼしたことを後悔していると、今さらのように述懐したという（『新』・吐蕃上）。

普通、「安禄山の乱」は七五五年に始まって、安禄山の武将だった史朝義《しちょうぎ》が七六三年一月、配下の李懐仙《りかいせん》（柳城の胡人で契丹《きったん》の降将《こうしょう》）に殺されるまでの八年間をいう。

史朝義が死んだ同七六三年の九月に、吐蕃は吐谷渾《とやこん》・党項《とうこう》など東夷二〇万の兵を率いて長安に押し寄せたので、唐将郭子儀《かくしぎ》の兵は退却し、代宗は長安を退去した（『新』吐蕃上）。吐蕃が吐谷渾など東夷の軍勢を率いているところをみると、安禄山側にあって捕虜となった東夷が多くいたことがわかる。

このように安禄山勢力が消滅すると、吐蕃は安禄山勢力に代わって極東に勢力を伸ばしてくるのである。吐蕃は一〇月に広武王《こうぶおう》承宏《しょうこう》（高宗の子）を擁立して大赦や立号までしたが、郭子儀が長安を回復し、吐蕃はわずか一五日で長安を去るという事件が起きた。

翌七六四年九月は藤原仲麻呂一族が滅ぼされた年だが、同年同月、私見では達頭（聖徳太子）と同じ鉄勒《てつろく》出身の唐将、僕固懐恩《ぼっこかいおん》が突然、霊武《れいぶ》（長安の西北）から回鶻《ウイグル》・吐蕃・吐谷渾ら二〇万の兵を率いて長安に逼《せま》った（旧《吐蕃》、旧《列伝・郭子儀》伝では一〇月）。翌永泰《えいたい》元（七六五）年八月にも懐恩は兵を率いて南下してきたが、突然、懐恩が死んでしまったという。懐恩の妻は回鶻だったから回鶻も配下にあったのである。

懐恩が没すると吐蕃と回鶻はお互いに猜疑《さいぎ》しだし、回鶻は郭子儀に吐蕃を撃つことの許しを乞うた。郭子儀が許したので回鶻は吐蕃を攻めた。この後、両者は不倶戴天《ふぐたいてん》の敵となったのだが、おおむね吐蕃は反唐であり回鶻は唐の傭兵となって戦うことが多かった。

回鶻は鉄勒の一派といわれている。「安禄山の乱」で、玄宗の子の粛宗が亡命先の霊武で即位したのを助けた。その後、徐々に唐側の戦力になっていた。当時の回鶻は今のイスラム教と違って最初のマニ（教祖の名、四世紀のペルシア人）教信者といわれている。

七八九（貞元《ていがん》五）年徳宗の娘、咸安《かんあん》公主が降嫁した際、それまでウイグルはいろいろに表記されていたが「回鶻」に統一すると唐朝に報告してきたという。理由は鶻（くまたか）が旋回するように俊健な民族だからという（『唐会要』・巻九八）。くまたかは中央アジアから朝鮮や日本にもいたタカ科の鳥で、鷹狩りの鷹もこの種類といわれる。

それにしても時期からして藤原仲麻呂の滅亡と懐恩の蜂起は、まったくの偶然の一致なのだろうか。

「星は日本に行き、やがて王になる」

先に述べたように仲麻呂が滅ぼされる数年前の七六一（景徳王二〇）年二月頃、景徳王は唐に亡命している。したがってこの後、新羅には七六五年に恵恭王が即位するまでのほぼ四年間にわたって、正式には王が存在せず実質的に統治能力がなかった。**その間隙をついて新羅王室に入り込んだのは、侍中《じちゅう》の金良相《きんりょうそう》なる人物だった。良相は山部王その人と私は考えている。**

この後、度々出てくる侍中について説明すると、唐国の役職名で皇帝の近臣であり、表向きには皇帝の代理人としてすべての公務に携わる。定員二人で、正二品という高官である（新・《志三七》、『唐会要』《巻五一》では従二品）。

ところで志貴皇子は百済に亡命していたが、百済といっても百済の都のあった公州市から北、慕容氏が四世紀前半に領土とした帯方郡といわれる地方も含まれていたらしい。さらに良相は桓武という高句麗系諡《おくりな》からも想像されるように、古くからの新羅の都である慶州を避けてかつての高句麗の都、平壌を本拠にしたようだ。この頃の新羅はすでに衰微し、王室の勢力範囲はせいぜい旧新羅領に過ぎなかったようである。

新羅は景徳王の晩年とされる七六三年から七六七（恵恭王三）年まで唐に使者を送っていない。新羅は弱体だったので、単独で唐に朝貢できなかったらしい。

その間の七六四（景徳王二三）年一月、山部王は侍中良相として新羅史上に登場する。新羅良相（山部王）は王が不在なのに乗じて、仲麻呂討伐のために新羅で兵を募集した。新羅としても長年の宿敵、仲麻呂の追討となれば承認するしかなかっただろう。

「羅紀」には同三月条に「星が孛《ぼう》となって東南に行った。楊山《ようざん》に龍が見えた」と讖緯《しんい》（この場合、政治的暗示）的表現がある。孛とはほうき星をいい、外敵の侵入などを暗示する。「楊山に龍がみえた」とあるのは「羅紀」によくみられるが、新しい王の到来を暗示する。この条は「星（良相）は東南の方向、すなわち日本に行った。そしてやがて王になる」と解読される。

このように新羅勢を率いて三月に出発し、日本に行った良相は、『続紀』の同天平宝字八（七六四）年七月一九日に、金才伯《きんさいはく》ら九一人の新羅使者として博多に現われる。そして金らがいつ帰国したか記録にない。中世の書だが『峰相記《ほうそうき》』という書に、新羅兵二万が琵琶湖の家島、高島に陣取ったとある。仲麻呂ら一族が最後を迎えたのも高島だった。

新羅兵二万とはおそらく金才伯ら、つまり良相の山部王率いる新羅兵で、仲麻呂一族に最後のとどめをさしたのだ。

●藤原仲麻呂滅亡を決定づけた桓武の働き

それだけではない。高野（孝謙）上皇は、中宮院にあった帝位をあらわす鈴印を山村《やまむら》王に命じて手許に収めたが、仲麻呂は息子の訓儒麻呂《くずまろ》らをやって奪い返した。そして『続紀』には「天皇、授刀少尉坂上苅田麻呂《たてわきのしょういさかのうえのかりたまろ》・将曹牡鹿嶋足《おじかのしまたり》らを遣わして、射てこれを殺させる」とある。

　これを何の気なく読むと高野（孝謙）上皇が命じたようにみえる。しかしこの時の天皇は淳仁だから、帝位の鈴印は淳仁にあるのを上皇だった高野が強奪させ、訓儒麻呂を殺させたと解される。しかし命じた天皇とは上皇高野ではなかった。上皇ではなく確かに天皇だったのである。

『日本後紀』（延暦一一年四月条）に、紀船守《きのふなもり》が没したが、桓武天皇は非常に悲しみ三日間政務を取りやめ、船守に正二位右大臣を追贈したとある。その理由は訓儒麻呂が鈴印を奪い返した時、桓武は船守らに命じて訓儒麻呂を射殺させた。その功績によるという。『続紀』の天皇とは、後に天皇になった山部王、つまり桓武天皇のことだったのである。このように仲麻呂の滅亡に際して山部王は大いに貢献したのである。

　九月に仲麻呂が滅ぼされると翌一〇月七日、逆徒を撃った功績により七人の王が叙位されているが、その筆頭に山部王がいる。撰叙令（『令義解』）によれば、諸王の子は二一歳以上で従五位下に叙せられるという特典があった。この時まで山部王は無位だから、これだけの功績を挙げてようやく、二八歳にして初めて皇親として叙位されたのである。

　翌年、父の白壁王は中納言、正三位に急上昇した。息子の山部王の働きが大いにものをいったのは間違いないだろう。ここで父志貴皇子の遭難から長い雌伏の時を経て、白壁王は朝廷復帰に成功したのである。

しかし、仲麻呂滅亡後に表舞台に立ったのは重祚《ちょうそ》した称徳（高野）であり、法王になった道鏡《どうきょう》、そして左大臣の藤原永手《ながて》、右大臣の吉備真備だった。

●道鏡は聖武の「弟」か

道鏡くらい謎の人物はそう多くはない。年齢も出身も一切、分からず、中年以上になって称徳天皇に近寄り、ついには帝位を狙う人物になった。帝位を狙えるというのは、この時代においてはなおさらだが、称徳の寵愛《ちょうあい》だけでどうなるものではない。それなりの血統と功績がなければ野望すら持てない時代である。だからこそ大海人《おおあま》（天武）は実力がありながら長い間雌伏し、苦労して、内乱の結果ようやく即位できた。しかも天命を全うすることはできなかったのである。

私は『争乱と謀略の平城京』で、道鏡は新羅の孝成王《こうせい》だったと結論した。七三七（天平九）年、渤海の大武芸が没した年、聖武は渤海というバックは失ったが、藤原四兄弟が没して朝廷が空白状態になった。つまり藤原四兄弟の死は聖武にとって好機到来だった。朝廷内の反対派勢力も弱かったこの時期に、聖武は道鏡を新羅に送り込んで新羅王とした。三六年間、在位していた反日の聖徳王の後を襲わせたのだ。それが孝成王である。

『七大寺年表』によると道鏡は志貴皇子の六男とある。ただし白壁王も志貴皇子の六男と『続紀』にある。光仁と道鏡が志貴の同じ六男というのはいささかひっかかる。何か裏がありそうである。

前著では、道鏡は一名、弓削道鏡といわれているので父は弓削皇子ではないかと仮定した。ただし弓削皇子は六九九年に没しているので、道鏡は少なくともその前後に生まれていなければならず、年齢的に確信が持てない。あくまでも仮定とした。同じ志貴皇子の六男とされているところからみて、意外に道鏡と白壁王とは緊密な関係にあったことが想像される。

道鏡の出自は、天平聖武と同じように文武天皇が中国東北部にあった時になした子かも知れない。『続紀』では文武天皇は七〇七（慶雲四）年に没したことになっているので、それ以後、中国東北部で生まれた文武の子は、日本では他の誰かの子にするしかないのである。そう推測すると道鏡は聖武の弟にあたり、ともに中国東北部から来日した兄弟であってみれば、特別な信頼関係にあったのが納得される。白壁王は旧百済地からの再来者、道鏡は中国東北部からの外来者として理解しあえる仲だったのかも知れない。

いずれにしても道鏡は新羅王としては定着できず、五年後の七四二（天平一四）年には日本に亡命し、新羅では反日派の景徳王が即位した。それから道鏡は称徳の側近として世に出るまで二〇年以上も雌伏していた。

●道鏡が抱いていた即位の野望

道鏡が称徳に近づいたのは、そんなに古くはない。仲麻呂の治世に限界のみえた七六一（天平宝字五）年に、道鏡が称徳の看病に侍したのがきっかけといわれている。翌年五月、称徳と淳仁天皇の仲が悪くなり、称徳は淳仁に決別宣言をして平城京に戻った。すでに称徳は道鏡などを通じて仲麻呂政権が終わりになることを知ったのだろう。こうして道鏡は朝廷での発言権を強めた。そして称徳は吉備真備ら親唐派の妥協案として重祚した。しかし道鏡は自身が即位する野望を捨ててはいなかった。

仲麻呂一族が滅亡すると翌七六五（天平神護元）年一〇月、道鏡は太政大臣禅師《ぜんじ》となった。この年から翌年にかけて九州で道鏡派と反道鏡派との戦いがあったらしい。『八幡宇佐宮御託宣集《はちまんうさぐうごたくせんしゅう》』（薩巻十六）の天平神護元年一一月条に「高麗国の徒等、嶋を海中に造って、日本に渡らしめんと擬する間、我西北の風を発して、彼の嶋を吹損じ、件《くだん》の敵を討たしめ給《たま》ひぬ」とある。つまり「高麗国が嶋を海中に造って日本を攻めようとしているので、わが宇佐神は西北の風を吹かして嶋を壊し、敵を討った」というのである。

道鏡は最後に宇佐八幡宮の託宣に頼ったように、宇佐八幡との関係は強かった。当時の神宮は後世、寺院に僧兵がいるように軍事力もあったらしい。前著（『争乱と謀略の平城京』）では高麗国とあるのを漠然と渤海と考えていたが、ここではっきりした。この高麗国とは良相（山部王）が本拠とする旧高句麗の平壌のことだったのである。良相は道鏡の即位を阻止すべく、九州に攻撃をしかけたようである。

『御託宣集』には宇佐側が勝利したようにみえるが、それは事実だったらしい。翌七六六（天平神護二）年正月条の託宣で、新羅国の訴えによって、大唐国は一〇〇〇の船に軍兵を乗せて日本を攻めるという宣旨《せんじ》があった。そこで「大隅と薩摩の間に嶋を造って、敵軍が来た時に西北の風を吹かせ、敵を我が城に刈入れて悉《ことごと》く滅亡させた」とある。

この場合の大唐国軍とは、安禄山没後、同地域に勢力を張った土着勢力をいう。助力を頼んだ新羅とは新羅の侍中でもある良相（山部王）のことである。山部王は安禄山滅亡後、中国東北部の土着勢力と通じたので後に平壌を本拠にすることができたのである。しかしこの攻撃も宇佐側はよく防いだらしく、同年一〇月には道鏡は法王になった。同時に藤原永手を左大臣に、吉備真備を右大臣に、そして大納言に道鏡の弟の浄人《きよと》と白壁王というように、バランスを取った叙位をしている（『公卿補任』）。

白壁王は息子の山部王の行為をどの程度把握していたか分からないが、知っていたにしても積極的に支持はしなかったと思う。道鏡は直接的な軍事力を持たず、称徳のみが頼り

道鏡は文武天皇の子か？

私見では道鏡は新羅の孝成王であり、文武天皇（新羅文武王）が中国東北部にいたときになした子と推測される。
新羅王として定着できなかった道鏡は日本に亡命し、称徳天皇に接近。次第に発言力を強めていった。
写真は道鏡とゆかりの深い大分県宇佐市の宇佐八幡宮。

（写真／共同通信）

なので、全盛時代は長くは続かないとみていたのではないだろうか。

吉備真備らも道鏡がどんなに高位になろうとも、それには抵抗しなかったが、即位の野望を明らかにした時に立ち上がった。

●握りつぶされた手紙

翌七六七年は天平神護三（八月より神護景雲元）年だが、新羅では景徳王の嫡子の恵恭王三年にあたる。七月、侍中になる金隠居《きんいんきょ》が七年ぶりに入唐して貢物を贈物し、恵恭王の冊封を代宗に乞うた。代宗は金隠居ら新羅使者を紫宸殿《ししんでん》で親しく謁見《えつけん》し、翌年、恵恭王を新羅王に冊封した。日本は安禄山側にあったこともあり、三〇年以上も遣唐使を送っていなかったので唐とのコンタクトは新羅を経由することになっていたようだ。

新羅使者の入唐には恵恭王が道鏡に頼まれた別の用件があった。それがどうして分かるかといえば、「新羅本紀」では新羅自身が朝貢する場合、「朝貢」という言葉を使う。日本から唐への贈物を頼まれた場合、日本は唐の朝貢国ではないから、朝貢という言葉は使わず「方物《ほうぶつ》（各地方の産物）を貢いだ」とか「献じた」と表現し、区別している。金隠居のこの時の入唐の際も「方物を貢いだ」とある。金隠居は恵恭王の冊封を願う唐への使者であると同時に、日本から唐へ新羅を通じて貢物を代宗に届けたのである。

では唐に贈物をことづけたのは誰か。それはもと新羅孝成王の道鏡と推測される。道鏡は恵恭王の新羅を通じて贈物をし、自らが即位するのを唐が暗黙のうちに了承するのを願ったのだろう。

しかし親唐派として、金隠居は天武系の道鏡即位には積極的にはなれなかっただろうし、不可能とみただろう。代宗に道鏡の願いを伝えなかった場合も考えられる。さらに金隠居は、入唐していた藤原清河《きよかわ》から日本への書簡を預かって帰国したのである。ただし恵恭王の反対があったとみえ、すぐには日本に渡さなかった。金隠居が清河から預かった書簡を新羅使者が日本に持ち込んだのは、二年以上経た七六九（神護景雲三）年一一月のことだった。隠居が新羅に帰国してすでに一年以上経ている。

清河の書簡の内容は私信の形を採っているが、道鏡即位を否定する唐国の意向だったと思われる。吉備真備は唐の道鏡即位否定の意向を早くから知っていたから、同年九月の道鏡が宇佐神の託宣などという神頼みをするのを逆に利用して、和気清麻呂《わけのきよまろ》に道鏡即位反対の託宣といわせたのである。

それにしても道鏡の即位が絶望的になった二カ月後、新羅が清河の書簡をもたらしたのは清河の書簡が意味をなさないと分かってからである。清河の書簡を早く日本に渡そうとしなかったのは恵恭王ではなかったかと思われる。その理由は恵恭王自身が、何でも唐の言いなりの極め付きの親唐派である金隠居と違って、道鏡即位を望んでいたからである。

恵恭王は単に親唐派である金隠居とは違った不安を抱えていたのではないか。不安とは良相（山部王）の存在である。父の白壁王ではなく道鏡が即位すれば、山部王はとりあえず自粛せざるを得ず、新羅まで勢力を伸ばさないと考えたのではないか。確かに道鏡が失脚するやただちに良相（山部王）は新羅王室に介入を始めている。

道鏡は清河の書簡を持った新羅使者が到来すると、新羅に仲介を頼んだのに予想に反して唐が自分の即位を認めないことを知り、翌七七〇（神護景雲四）年二月、称徳を人質にして自分の居宅由義《ゆぎ》（弓削）宮に籠もった。頼みは称徳だけになったのである。称徳は由義宮にあった同年三月一五日に没したらしい（拙著『争乱と謀略の平城京』）。それから道鏡は称徳の死を伏して平城京に戻ったが、八月四日に称徳の死が発表され、ただちに白壁王が立太子した。

この間、道鏡は六月まで最後の抵抗をしたらしいが、六月一〇日、左大臣の藤原永手と右大臣の吉備真備が軍事を掌握したことで決着がついた。続いて『続紀』に「六七月、彗星、北斗に入る」とある。彗星は外敵で、北斗とはもちろん北斗七星で天皇を表意するから、外敵が称徳の皇室に入ったという意味で易姓《えきせい》革命を暗示している。

●東北地方での反乱が始まったのはなぜか

『続日本紀』には、道鏡が失脚したきっかけは坂上苅田麻呂が道鏡の奸計《かんけい》（謀《はかりごと》）を朝廷に報告したことだったとある。しかし道鏡が即位を熱望していることは周知のことである。それを誰が阻止するかが問題だったに過ぎない。苅田麻呂は田村麻呂の父で、仲麻呂一族滅亡の時から白壁王の腹心として重要な役を果たしている。苅田麻呂の直系は祖父の大国《おおくに》に始まる。大国は天平元年、外従五位上を授けられているから外来系である。

天平元年は、私見では中国東北部から来た文武天皇の子が神亀時代の聖武と入れ替わった年だから、大国は天平聖武とともに来日したのではないかと思われる。このように苅田麻呂は新来の外来系なので日本国内の兵を掌握する力はなく、白壁王の近衛隊長のような存在だったようである。

道鏡失脚も結局は白壁王の意思がものを言ったのだ。この時点で道鏡は最後のとどめを刺され、白壁王の即位は決定した。苅田麻呂はこの功績で正四位下を授かった。白壁王が立太子すると同時に、道鏡は天武天皇由来の双塔伽藍《がらん》のある下野《しもつけ》薬師寺に流罪になったのである。天皇位を簒奪しようとしたとして、道鏡がただちに殺されなかったのは白壁王のかつての仲間に対する温情が残っていたのかも知れない。

七七〇（神護景雲四）年八月一〇日に、称徳の死を知ったらしい蝦夷の宇漢迷公屈波宇《うかめのきみくつはう》らが賊徒を率いて賊地に逃げ帰り、朝廷が呼んでも帰服せず、再び反抗すると宣言したという。屈波宇の名に「公」があるところをみると、ある時期、朝廷から地位をもらって帰服していたことが分かる。屈波宇の反乱が白壁王立太子の直後であるところをみると、白壁王即位に反対する蝦夷だったと思われる。

光仁朝になると東北の蝦狄《かてき》の反乱が非常に多くなる。今までは東北地方在地の蝦狄同志の地域紛争と矮小化して捉えられてきたが、すべて中国内の争乱や日本の朝廷内部の権力闘争と深く結びついていたのである。

そして同七七〇（宝亀元）年九月には、苅田麻呂は陸奥鎮守《むつちんじゅ》将軍として出立している。すでに道鏡本人以外、道鏡の即位は絶望的とみえた前年、七六九（神護景雲三）年五月に不破《ふわ》内親王と息子の志計志麻呂《しけしまろ》の厭魅《えんみ》事件が起きた。「厭魅」とは人を呪い殺すまじないで、さまざまな方法があったが、この場合、称徳の髪を盗み髑髏《どくろ》に入れて呪うというものだった。

不破内親王とは天平聖武の娘で、仲麻呂と行を共にして琵琶湖畔で殺された塩焼《しおやき》王の妃だった。子の氷上《ひかみの》志計志麻呂は塩焼王が殺された時、共に死ぬべきところを母が聖武の娘だったので一命を助けられた。この度の罪で土佐に流罪になり、母の不破内親王は罪を許された。

この事件は一見、女同志の陰湿な争いにみえるが、そればかりではない。すでにこの時期、称徳朝の長くないことは内外に既知のことだった。唐朝は日本に対して女帝なら黙認するという決まりがあった。不破内親王は、身分においては聖武の娘という意味で称徳と同じ貴種である。もし称徳が没すれば皇位は不破に回ってくるかも知れないのだ。不破の称徳への厭魅にはこのような意図があったと思う。

ただし不破には朝廷での有力な後ろ楯がなかったので、線香花火のように簡単に決着がついたのである。不破が罰せられなかったのは、それだけ朝廷への影響が少なかったということである。

●誰が次の天皇になるべきなのか

道鏡が失脚した時点で、称徳の死は朝廷の誰もが知るところとなった。問題は次の天皇である。次の天皇は天智系も天武系も三世以後の王たちで、ことに天智系は長い間天武系が即位していたため、鈴鹿王の死後、朝廷を形成するグループにも属さない下位の身分ばかりだった。そこで三世ながら百済地方で実力を蓄《たくわ》え、安積親王の即位の阻止に成功し、さらに聖武の娘、井上内親王の夫でもある白壁王が即位するのはなりゆきとして当然だったろう。

しかも息子の山部王は新羅にあって実力で半島を掌握している。唯一の難点は白壁王が天武系であるがゆえに唐が認めないということだが、白壁王は天智の故地百済で育ち、母方は百済系なので天智系としてしまえばよい。これは政治に長《た》けた藤原一族の案だっただろうが、そうは簡単にいかないと唐の実情に通じている吉備真備は疑念を持っていたようだ。

『紀略』によると吉備真備は天武の子、長親王の子である大納言文室浄三《ふみやのきよみ》（智努王《ちぬ》）を即位させようとして失敗した。私は天武の孫で、さして朝廷で権威を持っていない浄三を真備がなぜ推したのか不審に思っていた。

ところが『水鏡《みずかがみ》』に浄三は「天武天皇ノ御子長屋天皇ト申シ、人ノ御子」とある。私は長屋王の父高市皇子を天武の子ではなく天智の庶長子と考えている（拙著『白村江の戦いと壬申の乱』）。そして鸕野《うの》皇女（『書紀』にいう持統天皇）の推薦により即位した。持統天皇とは高市皇子のことである。

長屋王は父高市皇子の遺産を引継ぎ、元正天皇を擁立して天皇に匹敵する地位と権威を持っていた。長屋王の兄弟の鈴鹿王が知太政官事となって、一時、天智系の復活をみたのはすでに述べた。もし浄三が一般に言われているように天武の孫ならば、真備は浄三を推薦することはないだろう。『水鏡』よりみて、私は長屋王一族が滅ぼされた時、長屋王の子である文室浄三は天武系と偽って生き延びたのではないかと推測する。唐の意向に忠実な真備は、血統からいって天智系の文室浄三（智努王）を即位させたなら、唐とのトラブルは起きないと判断したのだろう。

しかし天智系というだけで、実力が伴わなければどうなるものでもない。そこで息子の山部王の軍事力をバックに白壁王が天智系を自称して即位した。光仁朝になると間もなく吉備真備は致仕を申し出たが、白壁王もあえて止めようとはしなかったのは、このような事情によったのだろう。

左大臣の藤原永手と右大臣の吉備真備が仲麻呂の軍団を継承したといっても、もともと両者ともに軍団を率いたことのない文官である。どこまで国内の軍勢が従うかまったくの未知数である。

その中で白壁王が即位したのだから、緊急の課題は国内の兵力の結集と唐の承認である。そこで光仁朝になって再び大伴家持が出仕することになるのである。

第三章　若き日の桓武が過ごした東アジア

●鼠《ねずみ》が動くと都が変わる

新羅では七六八（恵恭王四）年一〇月、金隠居が侍中になった。侍中は七六四年一月の景徳王晩年、つまり景徳王の亡命後に良相（山部王）が侍中になったはずである。侍中という役職は「羅紀」にはこの時代にしかみえないので、どのような官職なのか分からないが、唐には存在していることは、すでに述べた通りである。いずれにしろ恵恭王は良相を廃して隠居を侍中にした。

そして同年一一月、鼠《ねずみ》八〇〇〇匹あまりが平壌に向かったとある。『書紀』天智五（六六六）年の冬、京都の鼠が近江に向かって移ったとあるが、これは近江遷都の前触れと考えられている。この場合の鼠も同じ意味の暗示だろう。良相は新羅王になってから平壌を都にしたようだから、恵恭王との関係が悪くなり、新羅の首都慶州を去ってこの頃、平壌を本拠地にしたようである。

六六八（総章元）年九月、唐は高句麗を滅ぼすと平壌を安東都護府《あんとうとごふ》として兵二万を駐留させたが、たちまち逃亡兵が数多く出て維持が困難になった。そのうえ、六七〇（咸亨《かんこう》元）年四月、高句麗王の外孫安勝《あんしょう》の反乱が起こり、安勝は新羅に去ったが、同年八月には駐留していた唐将の薛仁貴《せつじんき》も対吐蕃戦のため平壌を去った。結局、六七七（儀鳳《ぎほう》二）年に安東都護府は新城《しんじょう》（遼寧省撫順市《りょうねいしょうぶじゅんし》）に移された（『唐会要』《巻七三》他）。

隋・唐があれほど苦労して、二〇年以上かけて高句麗を滅ぼしたのに、首都である平壌を実際に制圧していたのはわずか二年間のことだったのである。その後の平壌については記録がない。このように空白地帯になっていたので良相は平壌に行かれたのだが、もし中国東北部に強力な軍事力を持った地方軍閥がいなかったら、たちまち吐蕃が南下して平壌を占拠していただろう。

●安禄山以後の実力者とは

朱泚《しゅせい》なる人物が「安禄山の乱」後、安禄山に代わって幽州（北京）周辺から山東半島にかけて勢力を張っていた。朱泚は幽州出身だが曾祖父の時から唐に仕えていた。朱泚は子供の頃から父に従って従軍していたが、すでに体格がよくベルトの長さは一〇囲（普通の人の一〇倍）にも及んだという。騎射・武芸は他に並ぶ者なく、財を軽んじ多くの戦利品を惜しげもなく将兵に分け与えたので人気があったという。ただし外観は温和で寛容にみえるが、その実、きわめて残忍な性格だったという。

「安禄山の乱」の時、范陽《はんよう》節度使（地方の軍政及び行政を司る官）だった朱泚は、史朝義の配下だった李懐仙を離反させ、史朝義を殺させた功績により、かつての安禄山の勢力範囲をほぼ手中にした。後に長安の守りが手薄になった時、弟に二五〇〇人の兵をつけて京西（長安の西）を守らせたので代宗は大いに感謝していたという。

この功績により彼は京師《けいし》（長安）に留まることを許され、弟の朱滔《しゅとう》は幽州節度使として遼東に留まっていた。この朱泚の存在により、吐蕃は遼東になかなか入り込めず、治安は辛うじて保たれていたようだ。この頃、朱泚の統治範囲に隣接する渤海も朱泚の勢力圏に組み込まれていたようである。つまりこの後、朱泚の生存中に日本に来た渤海使者は、必ずしも唐朝の意向を伝えるのではなく、朱泚の私意を唐朝の意見として伝える場合があったということである。

もう一人、良相と関係する者に李懐光《りかいこう》がいる。李懐光の本姓は茹《じょ》といい、渤海の靺鞨《まつかつ》人だった。先祖が幽州に移り住み、父親が唐将として功績があったので李姓を賜った。どこを本拠にしていたか不明だが、李懐光が蕃居していたため吐蕃は南下できなかったといわれている。南下とは半島から列島に至ることを意味する。おそらく吐蕃が南下して平壌を占拠するのを両者が阻《はば》んでいたため、良相は平壌に行くことができたのだろう。

ということは、『御託宣集』にある七六六年の「九州を攻めた大唐国」とは朱泚のことであり、新羅の侍中だった良相こと山部王が道鏡即位を阻止するために出兵を依頼したのは、おそらく朱泚かその配下をいうのだろう。

七六六年の頃の唐の皇帝は、玄宗の孫の代宗の時代である。皇帝は宦官の情報を信じ、正確な東アジアの情報は入りにくくなっていた。代宗にとって遠国の日本の存在は、すでにどうでもよくなっていた時代だったのである。

●父の敵――それは息子だった

七七〇（宝亀元）年、光仁（白壁王）は一〇月に即位すると翌月、井上内親王を皇后に冊立し、翌年一月、他戸《おさかべ》親王が立太子した。二月に光仁は初めて交野《かたの》に行った。交野（現大阪府枚方《ひらかた》市）は百済王家の本拠地といわれ、百済人が多く住んでいた。山部王は即位した後、この地で中国の泰山封禅《たいざんほうぜん》の儀（皇帝が天帝に即位の報告をする儀式）に似た儀式を行ない、光仁以後も百済系であることを内外に知らしめている。光仁は着々と天皇としての地位を固めていたのである。しかし光仁の思い通りにことは運ばなかった。意外な強敵として息子の山部王がいたのだ。

井上皇后は聖武の娘であり、他戸親王の生母は井上皇后だから、他戸が立太子しても血統からして申し分がなく異論はないはずである。だが国内ではそうであっても、光仁即位に多大な貢献をした山部王は容認できなかったようである。

他戸親王が一月に立太子すると、六月に渤海国使壱万福《いちまんふく》ら三二五人が船一七艘で出羽国《でわ》の賊地野代湊《のしろみなと》（秋田県能代市）に着いたという。賊地とあるからには当時、この地方はおそらく渤海や靺鞨などの異民族の本拠地だったのだろう。それに三〇〇人を超える人員は軍事的威嚇以外に考えられない。

一二月になって渤海使者らは入京してきた。朝廷は軍備を持つ渤海使の入京を歓迎しなかったが、軍勢を率いていたので阻止できなかったのだろう。翌七七二（宝亀三）年の朝賀に壱万福らは出席して方物（土産物）を差し出した。ところが朝廷は渤海王の表（書簡）の内容が無礼であるとして、壱万福の持ってきた方物を返却した。しかしなぜかすぐに撤回して壱万福には従三位、その他の者にもそれぞれ叙位した。

朝廷が無礼とした理由は天皇の返書の中にみえる。簡略すると次のような文面だった。「昔、高句麗の全盛時代、日本はその王高武《こうぶ》とは親しきこと兄弟のごとく、義は君臣のようだった。その後、日本への朝貢は続いていたが高氏（高句麗）が滅びて以来、音信が途絶えた。神亀四（七二七）年になって渤海王が使者を遣わしてきた。聖武朝の時代は大いに親交していた。ところが今、渤海王の表をみると月日の下に官位と姓名を書かず、書の終わりに天孫の号を僭称《せんしょう》している。これは間違いである。ゆえに壱万福に表を返却したのである。また高句麗高氏の世、兵乱休むことなくわが朝廷の権威を借りるために日本と高句麗は兄弟と称した。今の大氏渤海はそういうことはなかった。ゆえにみだりに舅甥《きゆうせい》と称することは礼を失している」（『続紀』宝亀三年二月条）

渤海が日本と同じ天孫族と自称したのが、いたく朝廷を傷つけたのである。天孫族とは先に述べたように狭義の意味で突厥達頭《タルドウ》（聖徳太子）の子孫をいう。達頭時代、高句麗と共闘して隋を挟撃していたのだから関係は深い。渤海としては親近感を表わしたつもりが、万世一系の選民意識を確立した日本には受け入れられなかったようだ。この内容からみて渤海は日本を舅、渤海を甥としているらしいが、いずれにしても親戚関係があることになる。

それともう一つ重要なのは、日本では渤海が高句麗の後身と明確に認識していたのがこの書簡で明らかであることだ。

それにしても不思議なのは、新羅と渤海はまったく国交がなく、「羅紀」に渤海とあるのは七三三（聖徳王三二）年七月条に、渤海靺鞨が登州に攻め込んだとある時だけである。『旧唐書』（北狄）に「渤海靺鞨」の条があるところからみて、「羅紀」も渤海が国という意味ではなく、渤海地方の靺鞨という意味で記しているのである。新羅は一度も渤海を国として遇したことはないが、隣国同士でありながら渤海と新羅が交戦したという記録も皆無である。それに対して日本は渤海とも新羅とも正式な国交を持ち、使者たちには外位（外国人にあたえる官位）ではなく、日本人と同じ官位を与えている。

渤海が日本と同じ天孫族と称しているところからみても、新羅は渤海を日本と同じ政治圏にあるという認識があったのかも知れない。

●なぜ皇后と皇太子は廃位されたのか

しかし光仁が本当の意味で立腹したのは、渤海が天孫族を称したことではなかった。壱万福らは二月二九日に帰国の途に着いたが、翌三月二日に井上皇后が巫蠱《ふこ》の罪で廃された。続いて五月に他戸親王が皇太子を廃され庶人にされた。巫蠱と厭魅との違いはよく分からないが、相手を呪うという意味では同じである。井上はすでに皇后であり、他戸は皇太子なのだから光仁を呪う理由はない。

そこで苦し紛れに、井上は長らく伊勢《いせ》神宮の斎宮で独身時代が長かったので、性格が偏《かたよ》っていたのだろうなどという日本史専門家もいる。それは偏見というもので憶測にもならない。なぜなら井上の母は藤原氏でもなく、父の聖武没後、心細い境遇にあったから光仁のみが頼りであり、しかもこれといった後ろ楯もなく立后したのだから、感謝こそすれ怨む理由などまるでないからである。

井上母子の受難は『水鏡』に次のように見える。

宝亀三年春のこととあるから渤海使の来日中のことである。光仁と井上皇后が双六《すごろく》をして遊んでいた時、光仁が戯《たわむ》れに、もし自分が負けたなら若さの盛んな男を皇后に奉ろう。もし皇后が負けたなら美女を私にくださいといった。

たまたま光仁が敗れたが、遊びなので約束はそのままにしていると、皇后がしつこくそれを咎《とが》めたので光仁は困った。それを見ていた藤原百川《ももかわ》は陰謀を巡らせた。

百川は常々、井上皇后は他戸皇太子のために、実力のある山部王を光仁に讒言《ざんげん》して失脚させるかも知れないと恐れていた。そこでこの機会に山部王と井上を不義密通させて、井上が光仁を殺し、山部王を即位させようとしていると光仁に思わせようというのである。

そこで百川は光仁に、山部王が井上のところに行くよう説得するよう勧めた。光仁は百川の勧めに応じて、自分は年老いて力がないから皇后の所に行くよう、山部王に強く促した。それで山部王は井上の許に行った。ただしこの時、井上は五六歳だったというから当時としては相当な老女であり、真偽のほどは定かでない。しかし井上は若い山部王に夢中になり、光仁はよそよそしくなったので、光仁に怨み心が芽生えた。

百川はこの機会を待っていた。井上が光仁を殺して他戸（山部王ではない）を即位させようと計画していると光仁に囁いた。光仁は怒って三月四日に皇后の位を剝奪して内裏《だいり》から追放しようとしたが、井上も他戸も内裏から出ずに光仁を呪詛《じゅそ》し始めたという。『水鏡』は平安時代の書で正史にない裏話を主に記しているので、あまり史料としては用いられない。しかし意外に真実を記したと思われるふしがある不思議な書である。この事件は壱万福の来日と関係する。壱万福の来日は光仁を当惑させたことは間違いない。

光仁・山部王が共通して恐れたのは、「天武系でも女帝なら黙認する」という唐の政策である。そして唐をバックに井上皇后を冊立する勢力の台頭である。この点では両者の意見は一致する。『水鏡』に書かれたような事件があったかどうかは不問にして、私は『水鏡』から、光仁が必ずしも井上・他戸皇太子の追放に反対だったわけではなかったということを知った。井上皇后の姉妹の不破内親王は二度も謀反を試みている。もし皇后である井上がその気になったら、海外とのトラブルを嫌う藤原一門の誰かが井上を擁立する場合もありうるのである。

壱万福らが来日した直後の井上の廃位は、壱万福の渤海使が唐の指令としてもたらしたものと私は考えている。唐といっても中国東北部の治世を独占していた現地土着の勢力、つまり朱泚である。それがどうして分かるかといえば、唐本国は天武系と分かった以上、光仁を否定するだろうが、皇后や皇太子に対して容喙《ようかい》したことはないからである。

●山部王の即位を応援する勢力

この年、宝亀三年以後、山背国の百《ひゃく》秦《はたの》忌寸《いみきの》刀自《とじ》女ら三一人は山部王が即位するよう請願し、毎年春秋「悔《げ》過《か》修《しゅう》福《ふく》」（仏事のこと）してきた。想いがかなったので得度したいと申し出て許されたという（『類聚国史』一八七　延暦一一年条）。

『新撰姓氏録』（山城国諸蕃）によると、秦《はた》氏一族は秦始皇の子孫で、応神天皇一四年に来日したという。個人として活躍するのは、『書紀』によれば五世紀後半の雄略朝の秦造酒公《さかのきみ》、欽明朝の秦大津父《おおつち》、推古・皇極時代の秦河勝《かわかつ》の三人だが、いずれも山背国を本拠にしたという。特に河勝は広隆《こうりゅう》寺を発願した人として有名であるとともに、聖徳太子の腹心として物部守屋征伐に功があった人である。

私見では雄略は百済から来た人であり、欽明朝とは百済の聖明王が兼任していた。そして河勝の仕えた聖徳太子は私見では西突厥の達頭であり、百済の法王でもあった（拙著『聖徳太子の正体』）。こうしてみると秦一族は百済系の外来人であり、特に山城（背）に縁の深い一族だったことが分かる。秦忌寸の一族は称徳朝末期の神護景雲三（七六九）年、下位の官位である七位・八位と秦忌寸の姓を賜ったとあるから、この頃、すでに山背に住んでいたのだろう。

このような秦氏一族は、山部王が即位する時が来るよう毎年、仏事を営んでいたというのである。彼らの意図は不明だが、外国で活躍する山部王に外来系一族が望みをかけたということだろうか。それにしても井上・他戸が失脚すれば、次は山部王が即位する可能性があることは庶人の目にも明らかだったようだ。

それは井上・他戸が失脚した翌七七三（宝亀四）年一月の山部王の立太子で実現した。朝廷はむろん世論でも、他戸の立太子はほとんど日本にいない山部王よりもはるかに妥当と思われていただろう。しかし光仁即位に功績のあったのは何といっても山部王である。山部王が不満に思うのも当然で、彼は朱泚を動かし、渤海から井上・他戸の廃位を唐国の命令として指示させたのだろう。そして自ら皇太子になった。光仁も承諾せざるを得なくなったのである。

光仁は最初から渤海使の背後にある山部王の意図を知っていたがゆえに入京させたくなかったのだろうが、それを察知している山部王は渤海使に軍勢をつけて来日させたのである。

光仁朝は壱万福の帰国に際して、壱万福には従三位を与え渤海国王への土産物を持たせて帰国させた。

この事件以後、光仁と山部王は父子ではなく、ただの政敵になったのである。

●暗躍する唐の宦官

「羅紀」によると、この年七七三（恵恭王九）年四月、使臣を唐に派遣して金銀、牛黄《ごおう》（牛の胆嚢《たんのう》。高貴薬）などの方物を献上した。六月にも使臣を唐に派遣して謝恩したので代宗は使臣に引見したとある。

ここにも「朝貢」とは出ていない。先に述べたように、朝貢と記していない場合は日本から新羅を通じての使いである場合だ。六月には新羅が謝恩（恩に感謝する）したとあるが、恵恭王は九年も前に新羅王に冊封されているので、今さら謝恩のため入唐するはずはない。まず四月の多大な贈物は、良相が日本の皇太子になったことを唐に認めてもらうためのいわば賄賂《わいろ》で、その結果、代宗が認めたので六月に入唐して謝恩、つまり感謝の礼をしたと解される。六月の場合は代宗が使臣に対面したとあるから、この使臣は良相（山部王）本人だった可能性は強い。

そもそも代宗とはいかなる人物だったのか。

代宗は粛宗《しゅくそう》の長男で「安禄山の乱」がほぼ平定された頃の七六二（淳仁時代の天平宝字六）年に即位した。幼にして学を好み、礼儀正しく温和な性格だったので特に祖父の玄宗に寵愛されたという。

父の粛宗が没した時、皇后の張《ちょう》氏には子がいなかったので、秘かに別の王を宮中に招きいれ即位させようとした。それを知った宦官の李輔国《りほこく》らが皇后を幽閉して、代宗を粛宗の棺の前で即位させた。この功によって李輔国は尚父《しょうふ》（父のように尊ぶ人）の号を与えられた。それから輔国はすっかりのぼせ上がり「大家の弟（代宗のこと）は宮中に座し、政治に関してはこの老人が決裁する」と嘯《うそぶ》いていたという。玄宗時代の高力士《こうりきし》と違って政治を牛耳っていたのである。代宗もたまりかねて刺客を遣って暗殺した。しかし輔国は殺したが、代宗自身の性格の弱さからくる宦官の跋扈《ばっこ》は収まらず、莫大な賄賂を取って代宗との間を取り持っていたといわれる。

このような代宗の時代だから、他地域の実態を知ろうともしない宦官が莫大な賄賂を受け取り、一方的な情報を代宗の耳に入れていたのだろう。代宗もまた深く極東情勢を知ろうともせず、良相が新羅を専断し、日本の皇太子になるのを宦官のいいなりに承認したと思われる。

●使者への密命

新羅が謝恩の入唐をした七七三（宝亀四）年六月、渤海国使烏須弗《うすふつ》なる者が能登《のと》に来着した。使者を遣わして来着の目的を問わせると、渤海に住み音楽を学んでいた内雄《ないゆう》なる日本人を帰国させたが、一〇年経ても安否が分からない。そこで壱万福らを日本に遣わしたが、壱万福らは四年近くになるのに、まだ帰国しない。そこで渤海王の詔書をもって来日したのであって他の用はないと答えたという。

『続紀』によると壱万福らは前年七七二（宝亀三）年二月末に帰国の途に着いたが、九月に送渤海使武生鳥守《たけふのとりもり》らと共に台風に遭い、能登国に漂着したという。それから帰国の途に着いたのだろうが、壱万福が帰国する前に烏須弗らが出発してすれ違いになったという説もある。しかし光仁朝はそうは思わなかったようだ。烏須弗の表函《ひょうかん》（渤海王の書）は例と違って無礼であると入京させず放還させた。そしてこの後、渤海使が日本海より来日することを禁じ、来日する時は筑紫からくるようにと通達した。

烏須弗の来日の目的も、光仁朝が無礼であると門前払いを食わせた理由も、一〇月に壱万福を渤海に送ったはずの送使の武生鳥守が「高麗」より帰国したとあることによって明らかになる。

この場合の「高麗」は普通、昔の高句麗、この頃の渤海と考えられているが、渤海が高句麗の後身を名乗ったにしても、それは王族が高句麗系であるということであり、領土としての渤海の勢力範囲はほぼ旧満州に該当し、平壌は含まれない。したがって平壌を首都とする旧高句麗とは違う。この時の高麗とは、良相が本拠とした高句麗の首都だった平壌周辺を指すと考えられる。

鳥守は渤海に壱万福を送った後、平壌に行って良相に会って命令を受けた。その命令とは、さらなる井上・他戸への圧力だった。烏須弗の来日の真の目的もそうだっただろう。おそらく山部王と渤海の大欽茂は光仁朝に対して共闘していたのだろう。およその見当がついていたがゆえに、朝廷は烏須弗ら渤海使を入京させなかったのだ。

しかし、壱万福を送って帰国した送渤海使の武生鳥守を入京させないわけにはいかない。一〇月一三日に鳥守が帰国すると、一九日に井上・他戸は大和国宇智《うち》郡（奈良県五條市周辺）に幽閉された。良相（山部皇太子）が代宗に賄賂を贈った効果は、かくも絶大だったのである。

第四章　父と子、その確執

●山部王は蝦夷の反乱を煽った？

翌七七四（宝亀五）年三月、新羅使者二三五人が太宰府に到着した。紀広純《きのひろずみ》らを遣わして来日の目的を問わせたところ、藤原清河の書簡を持ってきたとのことだった。光仁朝にとって唐の代弁者である清河の書簡を歓迎するはずはない。何かと難癖をつけて上京させず、太宰府より帰国させた。もちろんこの新羅使者は新羅にいる良相（山部王）の派遣した軍勢で、目的はさらに井上・他戸母子を追い詰めることだった。

「羅紀」には同年四月に「朝貢」とある。朝貢とある場合は恵恭王の派遣した新羅使者をいうが、事実上、当時、新羅の侍中だった良相が派遣した使者だった。それは九月に良相が上大等《じょうだいとう》（新羅の役職名。『上臣』ともいい、高官）になったとあることによって分かる。

代宗は前述のごとく、賄賂の多寡で判断する宦官のいいなりになっていたのだ。一〇月には新羅が賀正の使者を遣わしたので、代宗は謁見し員外衛尉卿《いんがいえいいきょう》（従三位相当。武器や祭祀の器物を管理する。『旧』・職官三）の位を授けたという。この時期、代宗と良相は最も緊密な関係にあったのである。

ということは良相（山部王）が新羅と日本を専断する立場に立ったということである。

この年、宝亀五（七七四）年三月、大伴家持は相模守《さがみ》として地方に行くことになった。家持は仲麻呂全盛時代の七五九（天平宝字三）年には、因幡守《いなば》として因幡にあったことが『万葉集』から分かるが、仲麻呂が滅亡した時、どんな働きをしたのかみえない。ただし仲麻呂政権には反対だったらしく、藤原宇合の息子で広嗣《ひろつぐ》の弟の良継《よしつぐ》が仲麻呂を殺そうと計画して失敗した事件があったが、この時、良継の計画に賛同した中に佐伯《さえきの》今毛人《いまえみし》や家持がいたという（『続紀』宝亀八年九月条）。

称徳の死直後の宝亀元（七七〇）年六月、家持は少輔《しょうゆう》となった。こうしてみると家持は仲麻呂・称徳・道鏡のために働く意思がなく、光仁朝になって再び朝廷に出仕する気になったようである。

しかも光仁朝のこの時期、光仁にとって古くからの武門の宗家、家持を取り立てざるを得ない事情があった。国際派の山部王は新羅で実権を握り、日本側のいう東北の蝦夷や狄、中国側でいえば列島を占拠した靺鞨や吐蕃などの異民族の一部までも支配下に置いていたふしがある。だから光仁朝としては、日本国内で兵力を結集するためには古くからの武門、家持に頼らざるを得なかったようだ。

家持もすでに六〇歳に近かったが、光仁朝の危機を見過ごすわけにはいかなかったのだろう。後に早良《さわら》太子の春宮《とうぐう》職になったのも、自《みずか》ら進んでのことと思われる。家持は光仁朝に忠誠を誓ったのであり、桓武天皇に対してではなかった。それがやがて大伴宗家の滅亡に繋《つな》がっていくのだ。

同七七四（宝亀五）年七月、陸奥国で太平洋の海沿いの蝦夷が暴徒と化し、橋を焼き、道を塞《ふさ》いで、桃生《ものう》城（宮城県石巻市）に攻め込んだ。鎮兵は城を支えることができず、国司が軍勢を出して討ったという。この時の陸奥国の鎮守将軍は、大伴一族の傍系の大伴駿《する》河麻呂《がまろ》だった。

蝦夷のバックに山部王が存在するのかどうかは分からない。白壁王が即位した時、反抗して賊地に逃げ帰った蝦夷の屈波宇とするならば、この反乱は山部王が煽動したであろうことは想像に難くない。大伴駿河麻呂は実戦が得意ではなかったらしい。実戦に即応できるのは経験豊かな家持をおいてなかったようだ。同年九月に家持は左京大夫兼上総《かずさ》守になっている。

●皇子たちの対立

翌七七五（宝亀六）年四月、井上皇后と他戸太子は庶人として没した。おそらく殺されたのだろうが、直接の指示者は藤原房前の五男、魚名《うおな》だったらしい。というのは『続紀』の同年五月条に「野狐が大納言藤原魚名の朝座にいた」とあるからだ。狐は権謀術策を弄《ろう》する人物を暗示する場合が多い。

魚名は山部王が即位(桓武天皇)した天応《てんおう》元(七八一)年に正二位、左大臣と破格な出世をするが、翌七八二(延暦元)年、事に座して左大臣を免ぜられるとある。「事に座して」の内容が明らかにされていないが、左大臣という最上の高官にある者が簡単に罷免《ひめん》されるはずはない。魚名は井上母子を死に追いやった張本人であり、山部王はそれを功ありとして左大臣に任命したのだろう。

しかし延暦元年には山部王はまだ日本に定着せず、朝廷の人事を左右していたのは早良皇太子だった。魚名の罷免は早良の意志とみられる。早良は井上母子の殺害を、あまりに過酷な仕打ちとして魚名を許せなかったのだろうが、山部王が日本に天皇として定着するに及んで早良との対立が先鋭化してくることになる。

直接、井上母子が廃位されるのに関係した者に外従五位下の槻本老《つきもとのおゆ》がいる。爵位に「外」がつくのは、新羅人でも渤海人でもなく、靺鞨・吐蕃・回鶻・蝦夷など当時の日本が外国人と考えている人に与える場合をいう。したがって槻本老の名は日本名であっても外国系の人だった。

それだけに、ひときわ桓武（山部王）個人と緊密に繋がっており、忠誠心のみが強かったようだ。そのことが井上母子の気に入らず、何度も呼び出されて叱責された。皇后らが罪に落とされると、老が事件を捜査し悪事を暴いた。このことがあって皇后・皇太子は廃されたという。

桓武は老が没した時、この老の忠誠心を思い出し、息子に従五位と姓と宿祢《すくね》を与えたという（『類聚国史』巻七九　延暦一一年一月条）。ただし老がしたのは井上母子が皇后と皇太子を廃されるまでで、両者の死には係っていない。魚名は功名心に駆り立てられ、山部王の意を迎えたのだろうが、さすがに光仁は井上母子の死まで考えていたとは思われない。それに無実の罪で殺された両者を悼《いた》んだのは光仁に限らないと思う。

東アジアの厳しい政変の中を生き抜いてきた山部王と、なるべくなら穏便にものごとを処理しようとする早良皇太子をはじめとする大和朝廷の上層部とは、初めから折り合いがつかないのである。

●中国での反乱と東北の反乱はつながっている

同七七五（宝亀六・恵恭王一一）年四月、井上母子が没し、六月、新羅では金隠居が謀反を企《たくら》んだという理由で殺された。隠居は親唐派だったが、すでに良相（山部王）は代宗と通じていたので、殺しても唐からの叱責はないと考えたのだろう。一〇月には吉備真備が没した。新羅と日本の有力な親唐派が同じ年に没したのである。

一一月に朝廷は使者を陸奥国に派遣して天皇の詔《みことのり》を伝えると、夷俘《いふ》らがふたたび逆心を起こして前年七月に続き桃生城を攻めたという。この時は大伴駿河麻呂が賊を討って帰順懐柔したという。「夷俘」とあるところをみると、中国東北部から来て帰順した靺鞨や吐蕃がいたことが分かる。かれらが天皇の詔に反応して桃生城を攻めたところをみると、やはり背後に山部王があって仕掛けたとしか考えられない。

光仁朝は日本から遣唐使を送り、唐と直接コンタクトを取るのが良相（山部王）の専横を抑える一番の上策と考えたらしい。六月に佐伯今毛人を遣唐大使に任命した。しかしことは簡単に運ばなかった。

翌七七六（宝亀七・大暦《たいれき》一一）年一月から、中国では吐蕃・突厥ら東アジア諸民族二〇万の反乱が起き、唐は歴戦を重ね、斬首は万余人に及んだという。日本でも対応を考えたとみえ、二月六日、陸奥国から「四月上旬までに軍士二万を徴集して山海二道の賊を討つべきである」といってきた。吐蕃系の反乱が東北まで及んできたのである。

そこで出羽国より軍士四〇〇〇人を徴発して雄勝《おがち》（秋田県湯沢市）から西辺を討たしたとある。そして『続紀』には、陸奥国からの報告のあった同二月六日の夜、盆のように大

8世紀後半の大陸と半島、列島

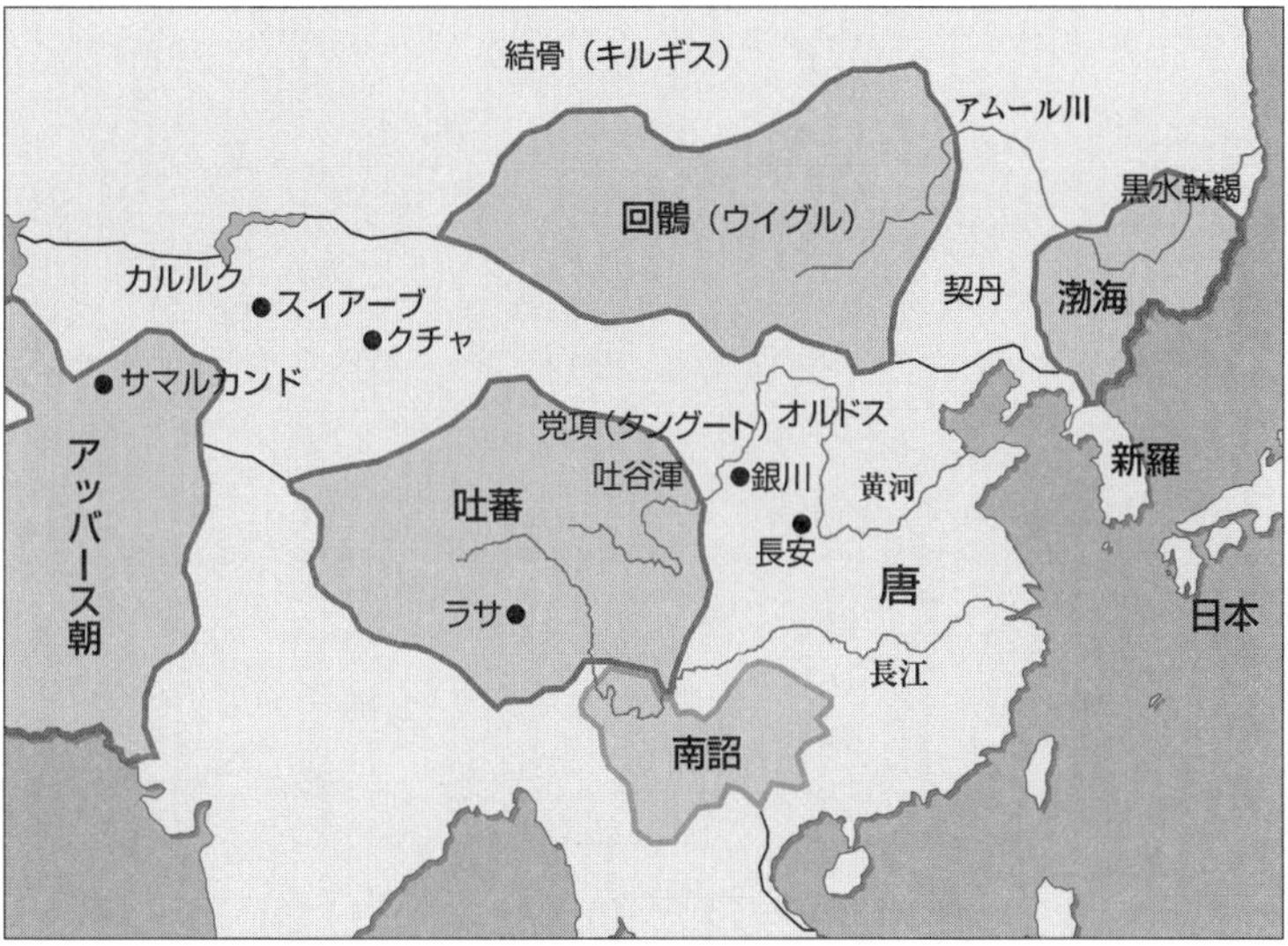

回鶻（ウイグル）はオルドス地方をほぼ本拠地としてゆく。
吐蕃をはじめとする異民族の反乱は、中国大陸から日本の東北地方へ波及する。
日本に流入する異民族は「狄」と総称され、東北で反乱を起こすが、その背後には山部王（桓武）がいた。

きな流星があったとある。流星が落ちるのは人の死を暗示する場合が多いが、この場合、派遣した光仁側の朝廷軍が大敗したという暗示か。謎である。

四月、佐伯今毛人は節刀《せつとう》（天皇が全権を託すという意味の刀）を賜り、いよいよ出発となった。同時に朝廷は藤原清河に帰国命令を出し、遣唐使を混乱に陥れないように図った。

五月には出羽国と志波《しわ》村（陸奥国志波村、今の盛岡市か）の賊が反逆して国と戦う。官軍は勝てず、下総《しもうさ》・下野《しもつけ》・常陸《ひたち》などの国から騎兵を募《つの》って討伐したとある。賊が反逆して国と戦うとあるが、この国とは日本を指しており、地方の国々をいうのではない。それは迎え撃つのが官軍とあるので分かる。官軍とは日本国軍という意味である。つまり日本国に対する反乱なのだ。

このように中国で反乱が起きると、この時代は必ず日本の東北地方の蝦夷や狄が争乱を起こす。今まで中国の反乱と東北地方の反乱との関連を想定するものは誰もいなかった。なぜ考えられないのか。古代では海は道路である。多数の漂着物が日本海の海岸に漂着しているのに、当時、すでに世界は帆船の時代に入っていたから、沿海州の民族と往来できないわけはない。

初めはただの移民でも、国が形成されると政治的問題や戦争が始まるのは必然というものである。七・八世紀にも異民族が陸続と日本列島に入り込んでいた。本国の争乱を避けてくるもの、あるいは逆に新天地を求めて日本海を渡ってくるもの、つまり侵略してくるものがいるのは当然である。

彼らは当時においては、靺鞨や契丹などの東夷といわれる民族や、吐蕃だったり回鶻だったり、あるいは少数のソグド人だったりしたのである。彼らを日本では総括して一般に狄というが、一応日本国の支配に組み込まれたものを俘囚《ふしゅう》と称した。そして部族長には外位を授けたりして日本の兵力にしていたのである。

●「塔に落ちた雷」が暗示すること

しかし、この時の官軍に対する反乱は、中国の争乱が日本にまで及んだ自然発生的なものではなかった。それは七月一九日条の西大寺《さいだい》の西塔に「雷が落ちた」という讖緯《しんい》的記述によって推測される。西大寺は孝謙天皇が発願した天武系の双塔伽藍の寺院である。東塔は日本を、西塔は新羅を表意している（拙著『高松塚被葬者考』）。その西塔に落雷したのは東北の反乱を煽動している新羅の良相（山部王）を罰するという暗示だろう。

同じ七月、「羅紀」に使臣を唐に派遣して土産物を献じたとある。朝貢ではないから良相の私的使者である。この時、出発した新羅使の土産物には日本国の舞女一一人が含まれていたらしい。渤海が翌七七七（大暦一二）年一月、日本国の舞女（五節の舞か）を唐に献じたとある（旧《本紀》・冊《朝貢五》）。渤海から献じているところをみると、光仁は唐の意向を通達するのみの渤海に不信感を抱いていたが、新羅の良相（山部王）は親交する渤海の大欽茂を通じて、新羅から日本の舞女を唐に献上したらしい。これら山部王の行為が光仁の意志に反することは七月の西大寺の西塔の落雷の記述によって想像される。

ではなぜこの時期、山部王（良相）は東北で争乱を起こしたのか、それは光仁の意図する遣唐使の派遣を妨害するためである。はたして一一月になって、太宰府まで行っていた遣唐大使の佐伯今毛人が、太宰府より帰って節刀を返却した。今毛人は、遣唐船は山部王の派遣する軍勢の妨害にあってとうてい中国にたどり着けないと判断したのだ。

同じ一一月には陸奥軍三〇〇〇人が胆沢《いさわ》の賊を討ったとあるが、陸奥の鎮守将軍だった大伴駿河麻呂は七月に没しているので誰が軍を率いていたのか分からない。あるいは山部王本人だったかも知れない。おそらく胆沢の賊はすでに光仁朝に帰服していたので、山部王側の渤海使が翌一二月に上陸するのを妨害する可能性があるからだ。

はたして一二月二二日、渤海国が史都蒙《しともう》ら一八七人を遣わし、天皇の即位とあわせて渤海国王の妃の死を知らせに来日したとある。しかし、このとき即位したのが光仁だとしたら、すでに七年前に即位している。史都蒙は別の用事で来日したのだ。

彼らは台風に遭い、残りの四六人が越前《えちぜん》に上陸したという報告があった。この頃、非常

「二つの塔」は、それぞれ日本と新羅の表意である

776年７月、「西大寺（大和西大寺）の西塔に雷が落ちた」という。

東塔と西塔の双塔伽藍の寺院は、私見では東塔が日本を、西塔が新羅を表わす。

では、この時の西塔への落雷は何を意味するのだろうか。

写真は西大寺の東塔跡。

（写真／SHUZO KAYAMURA/SEBUN PHOTO/amanaimages）

に遭難が多いのは船が小さく台風に弱いというだけでなく、攻撃を受けて遭難する場合がほとんどのようである。この場合も日本、つまり光仁側が攻撃して遭難したが、わずかに難を逃れた者が上陸したのである。

上陸してしまうと一応、渤海使というので光仁朝としてはそれなりに対応せざるを得ない。しかも史都蒙は本来の渤海から来たのではなく、良相が派遣したものだった。それは『続紀』宝亀九年四月条に高麗使とあることによって分かる。

もちろん光仁の朝廷は史都蒙を歓迎せず、ようやく翌七七七（宝亀八）年四月九日になって上京させた。一三日条に「氷ふる。太政官、内裏の庁に地震があった」とある。四月は当時では晩春だが、季節外れの氷や雪、雹《ひょう》が降るのは陰気が盛んで出兵のしるし、または臣下が乱を起こすのを戒《いまし》めてのことという（『漢書』五行志）。地震が内裏などにあったのは朝廷に衝撃が走ったということだろう。この讖緯的記述は、史都蒙らが良相の派遣した使者であり、光仁朝に波乱をもたらす使者であることを暗示しているのである。

同年同月「羅紀」には上大等の良相は上表して時の政治を批判したとある。いよいよ良相は恵恭王にも対決姿勢を明らかにしたのだ。

ところで史都蒙は朝廷に方物を献じたが、良相の送った使者だから当然ながら渤海王の親書は携えていず、口頭で渤海王の謝辞を伝えた。それに対して朝廷は史都蒙に正三位の位と天皇の親書、そして黄金や水銀、金漆や水晶の念珠など莫大な贈物をことづけて、正六位上の高麗殿継《こうらいとのつぐ》を送渤海使に任命して史都蒙を送らせることにした。

良相は渤海使を騙《かた》って史都蒙を日本に送り、光仁の退位を唐が望んでいるようにいわせた。朝廷に衝撃が走るのは当然だ。朝廷は良相が派遣した偽の渤海使であることを嗅ぎとったが、何食わぬ顔をして対応した。それには光仁朝の作戦があったと思う。

●日中を結ぶ外交官としての僧侶

代宗が最も信任していた僧侶に、長安郊外の青龍寺の恵果《えか》がいた。後に空海《くうかい》が、長安内の西明寺で修行していた日本僧、永忠《えいちゅう》の紹介で恵果の弟子となった。そこで空海は恵果により、密教の中の胎蔵界《たいぞうかい》の灌頂《かんじょう》（如来の五智を象徴する水を弟子の頭に注ぎ、仏の位を継承させる儀式）を受けた一二人のうちの一人に選ばれている。永忠その人は帰国して、嵯《さ》峨《が》天皇の弘仁六（八一五）年には大僧都になっているが、当時、唐にあって恵果を通じて代宗に日本の朝廷の意向を伝えていたのである。

僧侶で学問や信仰を学ぶために唐国に行った者は、記録に残っているだけでも数多くいる。中でも当時、名のある高僧の中には外交官兼ロビイストの役割を果たしている人が多かったのである。

僧侶が外交官の役割を果たすのは日本の僧ばかりではない。鑑真《がんじん》は長屋王との関係で来日を決意している（『宋高僧伝』巻一四）。鑑真が来日まで六回も難破したのは台風のせいばかりでなく、唐の大和朝廷への介入を嫌う聖武天皇の意志がはたらいていたと思われる。結局、鑑真が来日した七五四（天平勝宝六）年には長屋王はとうに殺され、聖武も譲位、孝謙天皇の時代になっていたのである（拙著『争乱と謀略の平城京』）。鑑真は日本への政治的影響がまったくなくなってから、初めて来日することができたのである。

ところで、史都蒙を送った送渤海使の高麗殿継が朝廷から預かった日本からの土産物は渤海王に渡すためのものではなく、念珠など僧侶に必須の品物があることからして、長安にいる永忠に渡したらしい。後の例からみて、永忠はその朝廷からの品をさらに恵果に渡し、黄金など大部分の品は恵果から代宗に献上された。目的は光仁朝の日本が代宗に、遣唐使派遣の承認を求めるためだったと思われる。そしてそれは最上策だった。遣唐使の派遣が現実のものとなったのだ。

六月に佐伯今毛人は病を理由に正式に遣唐使を辞任した。後任はなく、副使の小野石根《おののいわね》が代理となった。今毛人としては遣唐使として入唐しても、光仁と良相（山部王）の軋轢《あつれき》のため妨害があって、とうてい生きて帰国することは不可能と思ったのだろう。まさしく小野石根は帰国途中、遭難し、生きて日本に帰国できなかったのである。

高僧には「別の顔」がある

唐と日本を往来する高僧には、外交官やロビイストの側面を持つ者が少なくない。
長屋王との関係で来日した鑑真（写真は国宝の鑑真和上像）もその一人だった。

（写真／共同通信）

●すでに光仁天皇はこの世になかった

『続紀』の同宝亀八年一一月朔《ついたち》条に「天皇不予《ふよ》」とある。これは普通、天皇が病になったという意味だが、実際にはすでに亡くなっている場合が多い。そして一二月二五日条には「皇太子不悆《ふよ》」とある。「予」と「悆」の違いは私には分からないが、「悆」は一般的には使われない。

そして翌宝亀九年の朝賀は「皇太子の枕席安からざるをもって廃朝する」とある。天皇の病気によって廃朝があるのは普通だが、皇太子の病による廃朝とは前代未聞である。光仁朝による遣唐使の派遣が実現しようとするまさにこの時期、光仁が没したとするなら、山部王にとってきわめてタイミングのよい死だったことは間違いない。

前月一二月二八日に井上内親王を改葬して墳を御墓《ぎょぼ》と称し、墓守一戸を置いたとある。この行為は光仁ではなく、病の所以《ゆえん》が井上内親王迫害にあるという山部王の後悔のしるしとみる。

この後、宝亀八年一一月以後、私は光仁がすでにこの世にないという仮定を頭において推論を進めたい。遣唐使派遣が実現するこの時期、光仁が没したとするならば、光仁朝側としては内外に光仁の死を極秘にするしか山部王（良相）に抵抗するすべはない。このとき、光仁側で残っている実力者は百川しかいなかったが、百川も宝亀一〇（七七九）年七月に没する。

この頃も東北で戦乱が続いていた。宝亀八（七七七）年一二月一四日には志波村の賊が結集して出羽国の軍勢と戦い、出羽軍が敗退したと陸奥鎮守将軍の紀広純《きのひろずみ》から朝廷に報告があった。ここにおいて佐伯久良麻呂《さえきのくらまろ》を鎮守副将軍として、おそらく出羽国内に侵攻してきた志波村の賊徒を鎮圧させた。この賊徒とは、この時、外正六位上を授けられた吉弥侯《きみこう》伊佐西古《いさせこ》と外従五位下を授けられた伊治公呰麻呂《いじのきみあざまろ》をいうのだろう。

世界的にそうだが、討伐した相手を叙位して戦力にするのは一般に行なわれていた。おそらくこの両者は山部王側の反乱軍だったゆえに、一層、何の咎《とが》めも犠牲もなく叙位されたのだろう。

しかし今度は同年一二月二六日、出羽国の蝦《か》賊が反逆し、官軍は兵器を奪われたという。蝦賊とあるところからみて蝦夷の反乱と考えられる。靺鞨や吐蕃と違って古くから東北に定住している蝦夷は、大和朝廷に早くから服属していただろうから、反山部王側と思われる。

この時期、東北ではいろいろな風評が錯綜して混乱していたようである。

●皇太子・山部王が「伊勢神宮に行った」謎

宝亀八（七七七・大暦一二）年一月、先に述べたように、良相（山部王）が贈ったものだろうが、渤海が日本の舞女を贈ったとあってから、同年十二月、新羅・渤海・靺鞨・契丹などの極東の民族が唐に献上物を持ってきたとある（『冊府元亀』／以下『元亀』《外臣部朝貢五》）。

この朝貢には日本の遣唐使は入っていない。この使者たちは新羅を含め、すべて良相（山部王）側にあるものである。そのうえ、朱泚《しゅせい》ら土着の軍閥も良相側にあったから、日本の光仁朝は完全に孤立していたのである。これら良相側の極東の使者は、光仁朝の遣唐使の入朝を阻止するためだったかもしれないが、しかし翌年七七八（大暦一三・宝亀九）年一月、「日本国使朝貢」とある（『元亀』《外臣部　朝貢五》）。

この時の朝貢が日本国のみの記述なのは、新羅の良相（山部王）とは別ルート、すなわち光仁朝が渤海から永忠に渡した黄金は恵果を通じて代宗に献上するという、光仁朝すなわち日本国の単独行為だったからだろう。

このときの様子は、同宝亀九（七七八）年一〇月に帰国した第三船に乗っていた小野滋野《おののしげの》が詳しく報告している。

宝亀八年六月二四日に出発した小野石根を副遣唐使とする遣唐船は、七月三日に揚州《ようしゅう》

天武天皇ゆかりの神宮

伊勢神宮の創建は天武時代で天武と深いゆかりがある。その伊勢神宮に山部王（のちの桓武天皇）は「病の平復祈願」と称して突如、参拝に赴く。
しかし実際に足を運んだわけではなく、向かったのは「別の場所」だった。
山部王にはそうせざるを得ない事情があったようだ。

（写真／共同通信）

に到着。翌宝亀九（七七八・大暦一三）年一月一三日に長安城に入った。一五日に礼見（挨拶）して天皇の親書や貢物の品々を渡したが、代宗は出てこなかった。しかし贈物を喜んだ代宗はそれらを群臣に示した。そして三月二二日には代宗は日本国使に対面し、内裏で宴会を催したうえ、爵位も賜った。そこで日本に趙宝英《ちょうほうえい》を大使にして、日本に行くための船も作らせることになったという。

しかし同じ一月、唐では吐蕃が四万の兵をもって霊州（長安の西北）を襲っていた（『唐会要』）のである。唐もまた安泰ではなかったのだ。

小野滋野が帰朝報告をしたのは一〇月二三日だが、二五日に朝廷は小野滋野の船に同乗している唐使を上京させるよう命じた。同二五日、皇太子の山部王は病が平復しないので伊勢神宮に参拝に行ったとある。山部王は唐からみて新羅上大等の良相である。そのうえ、光仁はすでにこの世にいないとなれば、皇太子の山部王が応対するしかない。山部王は新羅の良相として代宗に対面した可能性があるから、もしかすると来日した唐使が同一人と気づく恐れがある。

そこで山部王は唐使と対面するのを避けて、伊勢神宮参拝と称して実際は平壌に行ったらしい。伊勢神宮は天武時代に創建された天武にゆかりの深い神宮である。そして天武は高句麗将の蓋蘇文だった。この後も伊勢に行くという記述があるが、この場合の伊勢行きは山部王が旧高句麗地の平壌に行ったという暗示とみる。

●なぜ唐からの使いを武装して迎えたのか

宝亀九年正月は皇太子が病のために廃朝になったとあるが、叙位は行なわれたとみえ、大伴家持が正四位下に任じられ、山部王の母の高野新笠《にいがさ》は従三位を授けられた。

桓武朝になっても家持は仕えることになったのである。それには早良皇太子の存在があったと思う。家持は早良の春宮《とうぐう》大夫になっている。光仁はすでに宝亀八（七七七）年一一月、没しているとして、実際に山部王が桓武天皇として日本に定着するまでのほぼ七年の間、日本にほとんどいない山部王に代わって内政を取り仕切っていたのは早良皇太子だったと考えられるからである。このことは『水鏡』に「桓武は常にここかしこに行幸して、世の中の政治は東宮（早良）が預かっていた」とあることによっても裏付けられる。

三月には山部皇太子の病がはかばかしくないので、淳仁廃帝の淡路島の墓を山陵とするよう命じている。山陵とは天皇・皇后の陵をいうから、淳仁は復位したのである。仲麻呂に擁立された淳仁は仲麻呂の滅亡後、ただちに淡路島に配流され、翌天平神護元（七六五）年一〇月に突然死しているが、山部王の病により淳仁は復位したのだから、淳仁の死にも山部王が係っていたのが推測される。

遣唐船のうち、先に報告した小野滋野は一〇月に日本に帰国したが、第一船に乗っていた副使の小野石根と唐使趙宝英は海上で台風に会い遭難して没した。

一二月になってようやく朝廷は、騎兵八〇〇人で第一船以外に乗っていた唐使を迎えに行かせた。騎兵八〇〇というのは臨戦態勢である。どうしてこのようにものものしく唐使を迎えるのか。山部王の朝廷には唐使が早く入京しては困る理由があったのである。それは翌宝亀一〇（七七九）年の朝賀のために渤海使が入京していたからだ。

この渤海使がいつ、来日したか明らかでない。明らかにできない理由は山部王が前年一〇月、病と称して伊勢に行くとあったが、実際は本拠地である平壌に行き、唐使が入京した時の万が一の場合に備えて山部王自身が援軍を伴い帰国したからと推測される。山部王が平壌周辺から伴ってきた軍勢を渤海使と称したのである。

この時の朝賀では渤海国使の張仙寿《ちょうせんじゅ》らが方物を献じ、渤海王のことづけを述べたとある。彼らが山部王に伴われて平壌から来たのであれば、渤海王の親書があるはずはないから口頭のことづけとするしかないのである。明らかに親書を持っていてさえ、渤海使の来日にはいろいろ難癖をつけていた光仁朝とは一八〇度の転換をした。

朝廷は彼らを叙位し、禄を賜い、宴を催すなどいたれりつくせりの応対をした。そのうえ、天皇の璽書《じしょ》を渡し進物をつけた。張仙寿らは二月に帰国することになったとあるが、実際にいつ帰国したのか不明である。あるいは唐使が上京している間、万が一のため宮城の周辺で待機していたのかも知れない。

四月になって、ようやく前年一〇月から来日していた唐使が入京を許された。山部王が唐使の入京を決断したのは、三月一〇日に遣唐副使の一人、大神末足《おおみわのすえたり》が帰国して唐の情報を伝えたことによるらしい。その情報とは代宗の死である。

●代宗皇帝の死

四月三〇日、唐使孫興進《そんこうしん》らは騎兵二〇〇と蝦夷二〇人に迎えられて宮城内に入った。五月一七日に唐使を朝堂に饗応した。応対は物部宅嗣《やかつぐ》だったらしく、天皇に代わって勅を述べている。光仁天皇はもちろん、山部王もこの座にいなかったようだ。

ところが唐使が宮城に入って四日目の五月二一日、代宗の死が公表された。二一日は辛《しん》酉《ゆう》の日である。辛酉は革命とか新たな王の出現の表象とされているから、おそらく作為された日であり、代宗はもっと以前に没していたと思われる。

この日、物部宅嗣は天皇の勅として、「唐使らはまだ上京して間もないが、帰国の時期が急にきた。渡海は時があるから停住するわけにはいかない」と帰国を急《せ》かせている。孫興進らは上京して一〇日後の五月二七日に、早々に日本を引き揚げることになったのである。山部王は光仁不在の難関をようやく免《まぬが》れたのだ。

代宗の死に関しては中国の史料ではなんら異常なことはなく、ただちに長子の徳《とく》宗が即位したとある。徳宗は若い頃は武人であり、安禄山系の史朝義が洛陽を占拠した時、元帥として指揮を取ったほど実力も功績もあったから即位にあたって反対者は誰もいなかったようだ。

即位してからは万機を総じて治世に励み、多くの人材を求め、不要な出費を取りやめさせた。代宗時代のように宦官の跋扈《ばっこ》は許さなかったという。反面、猜疑《さいぎ》心が強く、何事も臣下に任せることができず、すべて自分で決裁したといわれている。ただし晩年になると佞人《ねいじん》（おべっか使い）の言葉を信じるようになり、政道に外れるようになったという（『旧』本紀）。

このような実力を兼ね備えた厳格な性格の徳宗が桓武朝を認めるはずがない。

第五章　桓武天皇即位

●暴走する山部王と抵抗勢力

七七九（宝亀一〇）年二月、故藤原清河に従二位を贈るとあるから、清河はこの頃、没したのだろう。若い日、光明子の希望である孝謙天皇の即位の承認を求めて入唐したが、玄宗の意に沿わず失意の日々を送っていたらしい。「安禄山の乱」が起きると粛宗が即位するが、清河は粛宗に見出され、鎮南《ちんなん》（安南《あんなん》）都護に抜擢された。その後、藤原仲麻呂が安禄山勢力と通じると、清河は鎮南にあって秘かに仲麻呂に通じ、反新羅・反唐政策の片棒を担《かつ》いだようである（拙著『争乱と謀略の平城京』）。

安禄山勢力や仲麻呂が滅びると、在唐の日本人として新羅を通じ唐国の意向を伝える外交官の役割を果たしていた。清河の死は山部王にとっては、うるさい存在がなくなったということだった。

この頃の朝廷にはこれといった人材はなく、ただ一人、例の権謀術策の人、参議の藤原百川がいたが、同宝亀一〇年七月に没した。藤原宇合の子の百川は、光仁のまさに股肱《ここう》の臣《しん》であり、光仁即位を推進した人物の一人だった。反面、山部王とも仲がよく、他戸《おさかべ》皇太子を廃する時、数々の奇計を案出して遂に成功し、山部王を立太子させるのに尽力したといわれている（『公卿補任』宝亀二年条）。その奇計とは、先に述べた『水鏡』にみえる井上皇后と山部王の密通のお膳立ての話をいうのだろう。『公卿補任』がこのように記しているところをみると、百川の謀略は万人の知るところだったらしい。

『帝王編年記』には「百川頓死」とあるから百川は急死したようである。

百川の死後、山部王の行為にブレーキをかけるものはいなくなり、ある意味、山部王の暴走が始まるのである。

唐では代宗の末期にあたる七七八（大暦一三）年から七七九（大暦一四）年にかけて、吐蕃が四万の兵を率いて霊州（長安の西北）を荒らしまわっていた。また吐蕃は南詔（雲南、あるいは南蛮衆という）と連合して、兵二〇万で茂州（四川省成都の北西）を侵略した。唐は幽州（北京市）の兵をもって撃退したとあるから、朱泚らが応戦したのだろう（『旧』・吐蕃下）。

『日本高僧伝要文抄（第三）』に、この年、七七九（宝亀一〇）年には東夷が起盗（蜂起して侵略すること）したが、佐伯将（佐伯今毛人をいうか）は軍勢を失ったとある。つまり朝廷軍は敗退したのである。この東夷の反乱とは、この頃、中国を荒らしまわっていた吐蕃勢力の余波が東北に上陸したのを指すと考えられる。この戦いと関係あるのかどうか分からないが、同年九月に渤海、および鉄利《てつり》（鉄勒《てつろく》の別称。突厥の一部族）三五九人が出羽国に来たが朝廷は帰国の船などを手配して帰国させようとしている。一二月に彼らは船九艘でようやく帰国した。この渤海・鉄利の来日は、やはり前年から続く中国の争乱の余波と受け止められる。

新羅では同七七九（恵恭王一五）年三月、都に地震があり死者が百余人もあり、太白《たいはく》（金星）が月に入ったので百座法会《ひゃくざほうえ》を設けたとある。金星が月に入るという表現は、不吉な予兆としてしばしば用いられる讖緯的表現だが、この場合「君主が死に、起兵があるので、この天象を国主は憎む」（『宋書』天文中）というのが最も相応しいだろう。これは翌年四月に恵恭王が争乱のうちに没することを予見しているのである。

日本では同宝亀一〇（七七九）年一〇月九日、新羅使の金蘭孫《きんらんそん》らが来日し、一七日に太宰府から唐客高鶴林《こうかくりん》ら五人と新羅の貢朝使を入京させたとある。唐客といっても、おそらく中国東北部の土着唐人で、新羅使者と共に来ているところをみると、同年三月の新羅の悪い予兆の天象（金星が月に入る）に該当する山部王側の者たちで、新羅でなんらかの工作をし、その結果を報告に来たと推察される。

翌宝亀一一（七八〇）年一月二日、『続紀』に「天皇、大極殿《たいごくでん》に御して朝を受ける」とある。唐使判官、新羅使金蘭孫らは儀式通りに拝賀して方物を献じた。朝廷は唐と新羅使者らを朝堂でもてなし、禄を賜い叙位をして歓待した。

私見ではこの条の天皇はすでに光仁ではないはずである。この山部王の行為に反山部王派の怒りが爆発したらしく、一月一四日には大雷があり、京中の数寺に火災がおき、新薬師寺の西塔や葛城（葛木）寺の塔や金堂が全焼したという。

先に述べたように、天武朝起源の薬師寺に始まる両塔伽藍配置の寺院は、東塔は東の日本、西塔は日本からみて西の新羅を表わす。新薬師寺は光明皇后の発願といわれているが、いずれにしても西塔は新羅を表わすので、新羅＝良相（山部王）への怒りの表明と思われる。新薬師寺がかなり縮小されて現在も残っているのは周知のことである。

またこの時、詔を発布し、軽犯罪者に恩赦しているところをみると、山部王の即位が近いことを内外に知らせているようである。

●唐に認められなかった山部王は、どうしたか

唐では同年（建中元）二月に日本国が朝貢したとある（元亀《外臣部　朝貢五》）。日本使者は前年五月、唐使の孫興進らを送って入唐した布施清直《ふせのきよなお》とみられるが、翌天応元（七八一）年六月、帰国して節刀を返している。この頃、朱泚が兼四鎮北庭行軍《けんしちんほくていこうぐん》節度使に任じら

れ、徳宗も代宗時代と同じように朱泚の実力を認めたのだろうが、山部王を日本国王として承認するはずはなかった。代宗と違って若く厳しい徳宗の時代になったのである。

新羅では同（恵恭王一六）年から災異がしばしばおこり、反乱がおきて宮城が包囲された。四月に金良相（山部王）が挙兵して反乱を収めたが、王と后は混乱の中で殺された。**ここにおいて、日本王として唐国の承認を得られなかった良相（山部王）は、とりあえず新羅の宣徳《せんとく》王として即位することにしたようだ。**良相こと山部王は即位前の身軽さで、実際に新羅に行って戦いを指揮したと思われる。

「羅紀」には、宣徳王は金氏で奈勿《なこつ》王（在位三五六〜四〇二）一〇世の孫とある。

宣徳王の系譜をこのように古い慕容氏系の王にしているところをみると、宣徳王は当時の新羅王室とは男系の縁戚関係がないことを窺《うかが》わせている。天武系の白壁王（光仁）の子であってみれば、当然といえるかも知れない。桓武は父光仁と違って、天智系を強調するより、即位してからは慕容氏系を内外に知らしめているようにみえる。このところからみて、慕容氏系であるヤマトタケル（慕容儁《しゅん》）の子孫という意識が強かったようである。

「羅紀」には、宣徳王は恵恭王の没した七八〇年に即位し、七八五（宣徳王六）年一月に新羅王に冊封され、同月、没したとある。『唐会要』（巻九五）では七八五年に冊立され同年、没したとある。『元亀』（外臣部・封冊三）では七八三（建中四・宣徳王四・延暦二）年に新羅王に冊封され、七八五（貞元元・延暦四）年に没したとある。唐国としては天武系でも新羅王になることを許可しなかったことはない。まして良相（山部王）は平壌を本拠にする実力者だから徳宗が異議を唱える理由はない。

宣徳王が唐から新羅王に冊封されたのは『元亀』の記録通り、後に述べる朱泚の反乱のあった七八三年としてよいのではないだろうか。唐は朱泚の反乱に宣徳王が加担しないために新羅王に封じたと考えられるからである。

宣徳王は即位二（七八一・天応元）年に浿江《ばいこう》（大同江）以南の州・郡を慰撫《いぶ》したとあるが、この地方はかつての帯方郡《たいほうぐん》である。翌七八二（宣徳王三・延暦元）年には人民を平壌に移住させたとある。宣徳王は従来の新羅の首都慶州を避け、自分の地盤である平壌に新羅の首都を移したようだ。

●殺された朝廷側の将

山部王の天皇僭称《せんしょう》行為からくる平城京の騒動は、すぐに東北に伝わった。同宝亀一一（七八〇）年三月、按察使《あぜち》兼鎮守副将軍の紀広純が、陸奥の伊治城《いじ》（宮城県栗原市）で、先（宝亀八年一二月）に外位をもらっていた俘（狄俘）の伊治公呰麻呂《あざまろ》に殺されるという事件が起きたのである。夷俘（蝦夷と降伏した狄・狄俘）が朝廷側の将を殺すという事件はこれが初めてで、この後もない。

理由として『続紀』に次のようにある。

呰麻呂は広純に媚《こ》び仕えたので、広純は信用して彼が俘であることを特に意に介さなかった。ところが牡鹿郡の大領、道嶋大楯《みちじまのおおたて》は常に呰麻呂を俘であることから侮《あなど》り、俘として しか遇しなかったので呰麻呂は常々深く恨んでいた。ある時、広純が護衛を遠ざけて俘軍を率いて柵に入る時、大楯と呰麻呂が従っていたが、突然、呰麻呂が部下の俘を内応させ、まず大楯を殺してから、衆を率いて広純を取り囲んで殺した。

呰麻呂が広純を殺すと、狄俘の反乱は東北全体に広がったらしい。この時の反乱で東北の要《かなめ》である国府の多賀城《たがじょう》も焼かれたとあるが、考古学的にも証明されている（『多賀城碑』）。

表向きの理由は『続紀』にある通りだろう。しかし『続紀』の通りとするなら呰麻呂が大楯を殺す理由はあるが、侮蔑しなかった広純を殺害する理由はないではないか。たとえ記録されていなくても、広純その人に対して呰麻呂が私怨を持ったにしても、一地方の狄俘の将が単独で広純を殺すことはあり得ない。朝廷の派遣した按察使を殺すということは日本国に対する反乱に他ならないからである。必ず呰麻呂の背後に仕掛ける勢力があるはずだ。

東北の狄俘の日本国に対する反乱の場合、まず所属する中国東北部の民族か、唐国の指示を考えなければならない。徳宗は同七八〇年に即位して、まず、周辺民族と和解の政策を採った。回鶻《ウイグル》の場合は可汗《かがん》が反抗的だった。唐使者が代宗の喪を伝えに行ったが、遊牧民の可汗は移動しているのを理由に使者に会おうともしなかった。そこで使者は徳宗に、代宗の喪に乗じて攻めようとしていると報告した。

確かに可汗はそのつもりだったが、回鶻の宰相が大国の唐を攻めることは危険である。それに毎年のように太原《たいげん》（長安の北東・太原市あたり）に侵入して、家畜を略奪しているので十分ではないかと諫《いさ》めた。しかし可汗は聞こうとしなかったので、宰相は人々が可汗を支持しないとして可汗を殺し、自ら可汗となって徳宗と講和した。この後七八六（貞元二）年一〇月、徳宗の娘咸安公主《かんあんこうしゅ》の降嫁が決定してから、徳宗時代はだいたい回鶻は反抗しなくなり、唐との関係は良好だった。

一方、徳宗は即位するとすぐに吐蕃に和平を申し込み、翌七八一（建中二）年一二月、賀蘭山《がらん》を境界とする盟約をした。盟約は朱泚が反乱を起こした七八三（建中四）年一月、清水《せいすい》（秦州《しんしゅう》）で交わされ、「清水の盟約」と称した（『旧』・吐蕃下）。この後、しばらくは吐蕃も反抗しなかった。このように最も唐と周辺民族とが交戦していない平和な時期なのである。従って呰麻呂が広純に謀反した際、そのバックに唐及び吐蕃も回鶻もいた様子はないということである。

この後、鎮狄将軍の派遣はあるが、呰麻呂が朝廷側に捕らえられたという記述も、殺されたということも『続紀』にはみえない。そのまま日本史上から忽然と姿を消してしまっている。呰麻呂は古巣の中国東北部に逃げ帰ったのかも知れない。それにしても受難の紀広純は死後、叙位された様子もない。

ここで考えられるのは、紀氏が光仁天皇の母の一族、つまり外戚だったということである。広純は東北で兵を集め、反桓武朝の反旗を翻《ひるがえ》すつもりだったのを、嗅ぎつけた呰麻呂が山部王の密命を受け、広純を殺したというのが現在、考えうる最も妥当な筋書きと私は思う。したがってこの後、『続紀』のいう桓武朝になっても東北地方で争乱が続くのは、反山部王勢力の反乱だった可能性が強い。

●革命迫る

翌七八一年は天応元年で、革命の起きる辛酉の年である。山部王は新羅王として新羅を征服すると、次にくるのは日本王になることしかない。

しかし即位するとなれば全国的に反山部王の反乱がおきる可能性がある。そのため二月に関東の国々から兵糧を陸奥に運びこませ、大赦した。しかし苫田《とまた》郡（岡山県津山市）や伊勢国の兵庫（武器庫）が鳴動し、四月一日には平城京の兵庫でも大石で地面をたたきつけるような音を出したとある。伊勢は天武天皇にゆかりの深い場所だから、ひいては高句麗地方を暗示している。旧高句麗から山部王の出兵があるとの暗示だろう。

次に光仁天皇の病（不予）のため、越前（愛発関《あらちがせき》・越前から近江に入る）の関所を固めさせたという。山部王の即位を知った徳宗が中国東北部の唐側の軍勢をもって日本に送り込むのを防御するため、関を固めたと推測される。徳宗はどちらかというと武の人だからあり得たのである。

次いで四月三日に光仁天皇の譲位の詔があった。同時に山部王の同母弟、早良親王の立太子があり、大伴家持が春宮大夫になった。早良親王の立太子は国内勢力の悲願であり、山部王即位の条件の一つだったと思う。ここまではどうやら順調だった。しかし先年の七八〇（宝亀一一・建中元）年二月に唐に朝貢した布施清直が、六月二四日に帰国して節刀を返却してから事態は一変した。

布施清直の記事のすぐあとに「太白《たいはく》昼見る」とある。この条は、三世紀はじめ遼東の公《こう》孫淵《そんえん》が魏の承諾のないのに燕王を自称した時、太白（金星）が二八〇日間も昼に見えたというのに該当する（『晋書』天文下）。それまで公孫氏は帯方郡を領有していた。山部王も良相の時代から帯方郡を本拠にしていた。この後、すぐに公孫氏は魏によって滅ぼされている。あきらかにこの条は公孫淵を山部王に、魏は唐に投影させているのだ。

つまり唐の徳宗は山部王の即位を断固、認めない。もし強行するなら日本を攻撃すると布施清直を通じて山部王を威嚇したのである。

また六月二七日条に藤原魚名を左大臣兼大宰帥とするとあって、この月条に再び「太白昼見える」とある。この条は翌年閏《うるう》正月の氷上川継《ひかみのかわつぐ》の謀反事件を暗示しているようだ。このように魚名の左大臣任命に続いて天変の記事がみられるのは、魚名が川継の謀反事件に係っていることを暗示している。

一一月八日に近江国から木連理《もくれんり》ありと報告があった。「木連理」とは、元は同じ木で末が合するという現象で、外国からの降伏があって一つの国になることを意味する（『論衡』指瑞五六）。具体的にいえば、新羅王と日本国の王が山部王という同一人物になって、両国が合体してめでたいという意味に解される。山背・近江という近畿地方には外来系が多く、山部王の支持者が多かったことを窺わせている。

●光仁天皇の死、勃発する謀反

一二月二三日、ついに光仁太上天皇の喪が発表された。

翌七八二（八月より延暦元・宣徳王三）年一月は朝賀の記述がないので、山部王は新羅にいたらしい。「羅紀」には閏正月に唐に使者を派遣したとある。

同じ閏正月一日に、日本では先に述べた氷上川継の謀反事件が起きた。まず川継の家臣の大和乙人《やまとのおつひと》が、秘かに武器を帯びて宮中に乱入して捕まえられ、川継が謀反を計画したと白状した。川継は慌てて逃げようとしたが、捕まえられ死一等を免じられて伊豆国三島《みしま》に流罪になった。

この事件のとき、使者を遣って三関を封鎖したとある（この時代の三関とは愛発関［越前］・不破関［美濃］・鈴鹿関［伊勢］をいうか）。東北からの川継側の反乱軍の侵入に備えたのだろうが、それだけの事件の広がりがないうちに消し止められた。しかしこのような小さな事件にも三関をただちに封じるほど、朝廷は外来勢の侵略を恐れていたのだ。

川継の父は塩焼王、母の不破内親王は称徳朝末期に息子の志計志麻呂《しけしまろ》とともに称徳を厭《えん》魅《み》した罪で流罪になったが、前年一一月に二品に復活したばかりだった。不破内親王はこの度は淡路島に流罪になっている。

この事件も布施清直の帰国と関連している。先に述べた前年六月の「太白昼見える」は「強国が弱く、小国が強い。女主が盛んである」（『晋書』志二天文中）という意味もある。徳宗の山部王否定は、女帝なら黙認するという唐の方針が内在しているとみて、再び不破内親王が野望を持ったのである。そこで前年一一月に不破内親王を二品に復活させて、野望を持たせたのは誰かというのが問題になってくる。

大伴家持もこの事件に連座したとされ解任されている。連座した者の中に山部王の忠臣、坂上苅田麻呂がいるのは不審だが、恐らく左大臣になった魚名が苅田麻呂と家持を山部王に讒言《ざんげん》したのだろう。

ということは、まず魚名が早良皇太子に要望して不破内親王を二品に昇格させ、不破内親王に即位の野望を持たせた。そして不破・川継母子の謀反には苅田麻呂と家持が係っていると早良皇太子に讒言した。常人では考えられないややこしい策略をめぐらす魚名だから、あり得ると私は思う。魚名だけではなくこの年三月、参議になった藤原種継《たねつぐ》も陰謀に参加していたようである。この時、山部王は日本を不在にしていたと私は考えているので、氷上川継がすぐに捕らえられるという早業ができたのは、早良皇太子が指揮していたからだろう。

そして六月一四日に左大臣の藤原魚名が免じられた。一年前に左大臣に就任したばかりの魚名の失脚は、早良皇太子が家持や苅田麻呂を誹謗したことの責任を魚名にとらせたのだろう。早くも六月一七日には、家持は春宮大夫兼陸奥按察使鎮守将軍に任じられている。

魚名は左大臣を免じられて京外に追放になり、配流先に行く途中の摂津《せっつ》で病になり逗留していた。その間に許しが出て京に帰ったが、翌延暦二（七八三）年七月二四日に没した。ただし山部王は魚名の罷免が大いに不本意だったらしく、その死に際してただちに復官させ、左大臣罷免のときの詔勅類はその後、焼却されたという。

●待たれる山部王の帰国

このように朝廷が不統一で治まらないのは、ひとえに山部王の日本不在が長いからおきる。魚名が免じられたのは六月一四日だが、翌七月二九日、右大臣の藤原田麻呂《たまろ》以下参議までの重臣が次のように奏上した。

「近頃、災異や怪しげな妖徴が現われるので神祇官や陰陽師に占わせたところ、山部王がまだ光仁天皇の喪中として服喪しているので、伊勢大神などが祟《たた》りをする。あまりに親孝行なのは小孝（目先の孝行）であり、それよりも社稷《しやしよく》を重んじて喪服を脱ぎ、政事に専念するよう伏して願う」というのである。

重臣たちは、山部王の光仁の死による服喪の期間が長すぎるから神が祟るというが、喪を発表してから一年にもならない。当時の常識として父親、まして天皇なので山部王の服喪期間が長すぎるとはいえない。田麻呂らの上表は表向きの理由で、真の意味は山部王の不在があまりに長く、早く新羅から帰国しないと日本は川継の謀反計画などあって、内紛が絶えず治まらないと帰国を促《うなが》しているのである。

この上表文によって山部王は日本国内の大勢も自分に味方していると考えたのだろう。翌八月一九日に天応二（七八二）年を延暦元年と改元したのは、日本国王としての決意を新たにした証明とみえる。しかし未だ新羅の宣徳王であることには変わりない。そこで翌年、藤原宇合の孫にして山部王の懐刀、藤原種継が式部卿近江按察使に就任して、山部王不在の朝廷で百川・魚名に代わって実権を握るようになった。

種継は宇合の子、浄（清）成の子とあるが、浄成は宇合の子の中にあってただ一人、無位無官の所在不明の人である。彼は光仁の忠臣でもある魚名と違って桓武天皇ただ一人に生涯忠誠を尽くした人だが、不可解な伝承が残されている。何の毛皮か分からないが、毛皮を剥《は》いで皮に薬師浄土の絵を描いたものを報恩供養したというのである（『日本高僧伝要文抄』第三）。当時ヨーロッパで使用され始めた羊皮紙（羊の皮に字を書く）をいうのかもしれないが、しかし仏教ではみだりに生物を殺すのは禁忌である。桓武朝は後述する殺《さつ》牛《ぎゅう》の祭儀の習性とともに、種継もその素性に疑問を持たせる人物だった。

●唐国内の反乱は、山部王にいかなる影響を及ぼしたか

中国東北部の土着勢力である朱泚が、唐にいつから謀反を企《たくら》んだのかははっきりしない

が、前もって李懐光らに密書を送り、唐朝打倒の陰謀を計画していたといわれる。七八三（建中四）年一〇月、徳宗が奉天《ほうてん》（長安の西北・高宗の乾陵のある場所）に行ったとき、奉天を包囲した。徳宗が李懐光に救援を求めると、懐光は部下をやって朱泚兵の包囲を解いた。朱泚はこれを聞くと長安に入り、大秦皇帝と名乗り、応天元年と元号までつけた。

一方、懐光は朱泚の包囲を解いたのに徳宗が対面しようともしないので立腹し、兵を引いてしまった。翌七八四年一月、朱泚は長安で国号を漢とし、天皇《てんこう》と改元した。吐蕃はこの頃、「清水の盟約」を交わして唐と和解していたので、朱泚を討つことを徳宗に申し出た。徳宗は、常に裏切り行為をする遊牧民を信頼しない臣下の意見を押し切って助力を許した。そこで吐蕃の宰相 尚結賛《しょうけつさん》は長安を回復させた。戦勝した場合の約束は、涇《けい》・霊州（長安の北西）を吐蕃領にすることだった。

朱泚勢を武亭川で破ったのはもう一人の吐蕃の将、論莽羅《ろんもうら》だった。朱泚を殺すと吐蕃は約束の履行を求めた。しかし徳宗は尚結賛には詔書でねぎらい、論莽羅らには絹を一万匹下賜しただけだった。吐蕃はこのときをかぎりに徳宗を怨んでいた（『新』・吐蕃下）。

さらに二月には、徳宗はなかなか懐光が帰順しないので鉄券を贈った。鉄券とは将が戦いに敗れても罰しないと保証することをいう。唐の使者が懐光に鉄券を渡すと、懐光はそれを放り投げて「そもそも鉄券は臣が謀反を企んでいるときに限って賜るものだ。皇帝はこの懐光を疑っているのか」と怒気荒々しく怒鳴ったという。そして朱泚に通じた。

この時、朱泚は懐光の兵が強力なのを恐れ、関中（中国の中央部）を分けてやると約束していた。しかし懐光が朱泚側に立つという態度をあきらかにするや、朱泚は懐光に自ら皇帝と称して証書を渡し、臣礼をとらせた。そのうえ、皇帝の名において懐光の兵を徴発した。懐光は約束が違うと怒り、両者の間は決裂した。

同年四月に吐蕃の論莽羅らが奉天にいる朱泚を攻めたので、奉天を出た朱泚は武亭川のほとりで論莽羅らに大敗し、最後まで従った范陽《はんよう》（北京市南西）の手兵と一族で逃亡途中、部下に殺された。

懐光の方はその翌七八五（貞元元）年八月、川西（不明）で攻められ自殺した。首は長安に送られたという。ここで「朱泚の乱」の決着がついたのである（『通鑑』）。

『続紀』には朱泚が反乱を起こした同延暦二（七八三）年の同じ一〇月の一四日、天皇は交野（大阪府枚方市）に行き鷹を放して遊猟をしたとある。光仁天皇も交野に行っているが、この地には交野天神社があり、百済と関係の深い地である。桓武天皇は延暦六年一一月には泰山封禅の儀に似た儀式を行なっている。しかし延暦二年のこのときは同月一八日に交野を出たとあり、わずか四日間である。

私はこの時の交野行きは、同年同月、朱泚が反乱を起こした年月だから、山部王と朱泚は連合していたことを『続紀』が暗示させたとみる。

日本王として徳宗の承認を得られない山部王は朱泚の反乱に加担し、密書をもらった一人かも知れない。

しかし朱泚が滅びると、吐蕃などがもろに平壌に南下するから、新羅王でいるわけにはいかない。翌七八四（延暦三）年四月、宣徳王は王座を下りようとしたが、群臣が引きとめたので一時、取りやめたという。しかし翌七八五（延暦四）年一月、死後、東海に散骨するよう命じて没したという（「羅紀」）。

東海に散骨した新羅王は宣徳王を含めて三人いる。まず私が天武の子と考えている文武《ぶんぶ》王、後の文武《もんむ》天皇である（拙著『すり替えられた天皇』）。次に天平時代の聖武天皇が送り込んだ孝成王。孝成王は亡命して道鏡になった（拙著『争乱と謀略の平城京』）。そして宣徳王（後の桓武）といずれも新羅王であり、後に道鏡を除いて日本国王になった人である。道鏡の場合、あれほど即位に執着したのは即位の資格のある人だったからである。

「羅紀」は「東海に散骨する」という記述で、新羅王から日本の天皇になった人物を暗示しているのである。

●「光が日に向かう」――『続日本紀』が伝える光仁朝の滅亡

七八二年は『続紀』のいう延暦元年だが、践祚《せんそ》大嘗祭《おおなめさい》（即位式）の行なわれる月である一一月一三日条に「光が日を挟む。その形は丸く色は虹に似ている。日の上にまた光があって日に向かう。長さは二丈《じょう》くらいだった」とある。この讖緯的表現は、先に述べた（55ページ）「日有彩珥」（『晋書』志二天文中）に該当する。太陽の両側が耳輪のように彩《いろど》られたというのである。

この意味は次のように解釈できる。

四〇五年に慕容熙《き》が高句麗を攻め、葛城襲津彦《そつひこ》が新羅から凱旋した。四〇五年は新羅にとって受難の年だった。七八二年は新羅では宣徳王三年にあたり、宣徳王は人民を平壌に集め、平壌を首都とした年である。慶州が首都だった新羅にとっては受難の年である。この場合の宣徳王、つまり山部王は慕容熙と同じように平壌を本拠とし、同時に新羅王だったのだから、慕容熙と新羅から倭国に凱旋した襲津彦に該当する。つまり慕容熙と襲津彦を兼ね備えたのが山部王だったのである。

続く「二丈ばかりの光が日に向かう」とあるのは、しばしば記載される「白虹貫日」に該当し、「不吉な白虹が日（王）を貫く」という意味で謀反を暗示する。このような暗示がある場合、謀反が必ず成功したときである。この条で『続紀』は、山部王が半島から謀反をおこして光仁朝を滅ぼしたと暗示しているのである。この条によって光仁朝下の大和朝廷が、本音ではいかに山部王の即位を恐れていたかが推察される。

この条に続いて、一九日条に田村後宮（旧仲麻呂邸）の今木大神《いまきのおおかみ》を従四位上に叙すとある。山部王はこの頃、来日したときは旧田村邸に滞在したらしい。今木とは「今来た」という意味で渡来神を祀る神社であり、平安遷都に際しては平安京に移り、平野神社の祭神となった。

新羅で宣徳王（山部王）が王座を降りようとした七八四（延暦三）年五月、山部王は遷都のため山背《やましろ》の乙訓《おとくに》郡長岡《ながおか》村を見地させたとある。山部王は旧勢力の強い平城京を去り、自分を信奉する外来系勢力の秦《はた》氏にゆかりの深い地を首都に選んだのである。

ここにおいて藤原種継が中納言になり、左大弁《さだいべん》佐伯今毛人らとともに造長岡京使となった。実際は山部王が種継に長岡京の造営を一任したとみてよい。それというのも山背は秦氏の本拠地だが、種継は秦 朝元《はたのちょうげん》の娘が母だからである。『懐風藻《かいふうそう》』によると朝元は、玄宗の潜龍（即位前）時代に碁仲間として賞遇された釈弁正《しゃくべんしょう》法師が唐国で生んだ男子二人のうちの一人で、朝元だけが日本に帰国して大夫となったという。その後、朝元は天平五（七三三）年、遣唐使として入唐した際、玄宗に会い、玄宗は父親弁正の息子として大いに厚くねぎらったという。

先に述べたように種継の父方の祖父は藤原宇合で、宇合の子の浄成《きよなり》なる人物が種継の父とある（『公卿補任』天応二年条）。何人もいる宇合の息子は活躍している者が多いのに、浄成だけはここにしかみえない。種継は母方から外来系の秦氏との繋《つな》がりが強かったのである。

佐伯今毛人は遣唐大使を固辞したが、造長岡京使の役職にはついた。今毛人は親桓武派の人ではなく、どちらかというと家持と同じ早良側にあった人である。国際的、政治的活躍は不得手であることを自ら心得ており、分に応じた働きをする官僚型の人だったようだ。

しかし、あまりに急な長岡京遷都は造営が困難で、難波宮の資材をそのまま転用されており、実質的に難波宮はこのとき廃止されたといわれている。

この頃の外国勢は中国東北部の渤海や旧高句麗地方など、ほとんどが日本海側か太宰府に到着するので難波宮は不要と考えられたのだろう。

長岡京はもともと外国との交通を考えていない狭い場所で、平城京のように顔を世界にむけた都ではない。むしろ防御を固めた都である。「朱泚の乱」が失敗に終わって朱泚側にあった山部王が、日本に閉じこもろうとした場所といえる。この時代、弱体化した唐から直接、攻められることはないが、吐蕃などの勢いのある異民族が攻め込む危険はむしろ大きかったのだ。

●新羅の王から日本の天皇へ

桓武朝は表向き二四年間あるが、渤海との往来は二回のみ、遣唐使は最晩年に一回計画しただけである。極めて内向きといえよう。内向きにならざるを得ないのは、朱泚側として反唐を鮮明にしたからである。『帝王編年記』（巻一六村上天皇・天徳四年条）に南殿の桜はもと梅の木だったが、桓武天皇長岡遷都のとき桜が植えられたとある。梅は唐国を表わし、桜は聖武天皇の和風諡が「天璽国押開豊桜彦《あめしるしくにおしはらきとよさくらひこ》」と桜があるように聖武朝を表わす。

このとき山部王が梅を捨て桜にしたのは、唐への決別宣言だったのである。

朱泚の乱が決着したのは七八四（延暦三・宣徳王五）年四月である。「羅紀」によると同年同月、宣徳王（山部王）は新羅で退位を表明したが、群臣になだめられ、一時、撤回した。しかし『続紀』によると、同年九月一七日に山部王は田村第に行って宴をしたとあるから、この頃、来日して初めて日本に定着することにしたのだろう。先に述べたように田村第とはもと仲麻呂の屋敷で、このとき仲麻呂の甥《おい》の藤原是公《これきみ》の住居になっていた。そして『続紀』同年一一月一一日条に「天皇、長岡京に移行する」とあるときに、山部王はまだとても完成したとはいえない長岡京に行ったと思われる。

閉じこもるための都

長岡京は交通の便がよいわけでもなく、土地も狭い。それでも遷都を急いだのは、異民族の侵入に対して防御を固めるためだった。
写真は2001年10月、長岡京跡から出土した北京極大路（手前の人物と奥の人物の間）。

（写真／共同通信）

『日本霊異記』（下巻）には不思議な記述がある。
「『山部天皇』の代、延暦三年一一月八日戌《いぬ》のとき（午後八時頃）から寅のとき（午前四時）まで『天皇』が動き、紛々と飛び回った。同月一一日、天皇及び早良皇太子は紫香楽《しがらき》宮より長岡宮に移り坐《いま》された。『天皇』が飛び遷《うつ》ったのは天皇が遷都した印である」というのである。

右の『』内の天皇とは北極星をいう。北極星は天帝であり、地上では皇帝である。人を天皇と称したのは六七四（上元元・天武三）年に高宗が自称したことから始まる（『旧』・本紀）。したがって天皇という称号は日本では天武天皇から始まったのである。天武はすでに六八二（天武一一）年に没していると私は考えているから、死後の在位期間が四年間もある。**天皇とは本来、すでに天上に逝《い》った国王を称したのが始まりではないかと思う。**

この場合、天皇を表わす北極星が紛々と飛び回ったという表現で、山部王が新羅王から日本の天皇に移動したことを諷しているのである。『日本霊異記』では山部天皇とのみあって、延暦三年なのに桓武天皇という諡を使っていない。『日本霊異記』のこの条は、延暦三年の時点での話であり、まだ山部王は即位していなかった事実を物語るものだろう。

山部王は翌七八五（延暦四）年一月、「羅紀」に宣徳王の遺体が火葬されて東海に投げ込まれたとある同年同月、『続紀』に長岡京において「天皇、大極殿で朝を受ける」とあ

歴代王の即位時と死亡（退位）時

※太文字は私見

	渤海王	新羅王	日本天皇	唐皇帝
7世紀	大祚栄（697～719）	神文王（680～691）	**大津皇子（683～686）**	則天（685～704）
	大武芸（720～737）	孝昭王（692～702）	**持統高市（690～697・7月）**	中宗（705～709）
8世紀	大欽茂（738～794）	聖徳王（702～736）	文武**（新羅文武王）**（697・8月～707・6月）	睿宗（710～711）
	大元義（794）	孝成王**（道鏡）**（737～741）	元明（707・7月～715・9月）**（715・3 文武王、唐に降服）**	玄宗（712～755）
	大華璵（794）	景徳王（742～761）	元正（715・9月～724・2月）	粛宗（756～761）
	大嵩璘（794～808）	恵恭王（765～780・4月）	神亀聖武（724・2月～729・2月）	代宗（762～779）
		宣徳王**（桓武）**（780・4月～785・1月）	**天平聖武**（729・2月～749・7月）	徳宗（780～805・1月）
		元聖王（786～798）	孝謙（称徳）（749・7月～758・8月）	順宗（805・1月～805・8月）
		昭聖王（799～800・6月）	淳仁（758・8月～764・10月）	憲宗（805・8月～820・1月）
9世紀		哀荘王（800・6月～809・7月）	称徳（高野）（764・10月～770）	
		憲徳王**（平城）**（809～826）	光仁（770・10月～**777・11月**）	
			桓武**（新羅宣徳王）**（781・4月 ～ **784・9月より日本定着 785・1月即位式を挙げる** ～ **805・1月死？**）	
			平城（805・5月～809）	

るときに即位式を挙げたのである。この朝賀がただの新年の儀式でないことは石上《いそのかみ》・榎《えの》井《い》の二氏が各鉾楯《ほこたて》を立てるとあることによって分かる。鉾楯を立てるのは践祚大嘗祭のみに限られるからである（『延喜式』巻七）。

山部王が桓武天皇として日本に君臨するのは、このときに始まったのである。

第二部

「日本国王」としての桓武

第一章　内憂外患《ないゆうがいかん》の船出

●鷹狩りが得意だった桓武のルーツとは

桓武天皇とはどのような人だったのだろうか。「徳が高く、姿は嶷然《ぎよくぜん》（ひときわ高く、勝れていること）としていたが、文華（華やかな文芸的なもの）は好まなかった。威徳は遠方まで照らし、即位してから政治に励み、内政では平安京を造立し、外征では夷狄を征伐した」とある（『日本後紀』大同元年四月条）。

特に鷹狩りは趣味を超えて、在位中に何度も交野に鷹狩りに出かけているが、普段でも自身の住む南殿の中で鷹を飼い、鷹を椅子に止まらせて自ら爪を切り、くちばしの形を直したといわれている。まさに鷹狩りに関しては玄人《くろうと》だったのである。

『嵯峨野物語』には鷹狩りは仁徳《にんとく》天皇の時に始まったとある。もとより鷹狩りとは鷹を放って鷹に動物を獲らせる狩猟だが、現在もモンゴル地方などでは比較的一般に行なわれている。日本でも伝統ある狩猟としての文化の継承という意味で、少数残っているのは周知のことである。

鷹狩りは早くから中央アジアに始まり、中近東から全アジアに広まったと考えられているが、ササン朝ペルシアの王の条件の一つに鷹狩りがあったといわれている。仁徳天皇は私見（拙著『広開土王と「倭の五王」』）では、ペルシアの北方から南下したバクトリア（安《あん》息《そく》国）の王の安姓《あんせい》だから、『嵯峨野物語』の伝承も根拠がないとはいえないのである。仁徳天皇とは広開土《こうかいど》王（好太王）碑の主、句麗（くり）王安《あん》のことで、私見によれば五世紀の「倭の五王」時代の最初の倭王、讃《さん》でもある。慕容佐《さ》ともいい、慕容鮮卑の出身である。広開土王碑には高句麗という国名はない。

ちなみに紀元前後の建国当初の高句麗は、解《かい》氏の句麗と呼ばれていた。三世紀の東川《とうせん》王時代に、東川王の姓が高《こう》氏だったので高句麗とその名を替えたが、広開土王の姓が安だったので再び句麗とあるのである。その後、四三五年頃、北魏によって高句麗王に認知された高璉《れん》（長寿王）の姓から再度、高句麗という国名になったようだ（『広開土王と「倭の五王」』）。

六六八年に高句麗が滅びると、一〇世紀初めに高句麗の後裔をもって任じる高麗《こうらい》国が建国する。しかし「句」が抜けている高麗という名称は意外に古くからある。私がみた「高麗」の初見は、四八八（永明六）年完成といわれている『宋書』（夷蕃）の条に、慕容氏の家臣で慕容氏を滅ぼした北燕系の馮《ひょう》氏が戦いに敗れ、四三八（元嘉一五）年、「高麗」の北豊城（遼東郡復県）に逃げたとあるときである。したがってこの場合の高麗は遼東にあるらしい。

『宋書』には「高句麗」の条があるにもかかわらず、倭国の条では「倭国は高麗東南海中にあり」と、高麗からの見方を示している。また六三六年完成の『隋書』（北狄）に、隋煬帝《ようだい》の大業三（六〇七）年、突厥の啓民可汗《けいみん》のテントに「高麗」からの使者がいたので煬帝は疑念を抱いたとある。啓民可汗と達頭《タルドウ》（聖徳太子）は共闘していたから（拙著『聖徳太子の正体』）、このときの「高麗」は倭国のことをいうのかもしれない。意外に高麗という名称と日本とは関係が深いようにみえる。

ところで『万葉集』の巻二の最初の歌は仁徳皇后の歌であり、巻一の最初は五世紀の最後の倭王武《ぶ》に比定されている雄略《ゆうりやく》天皇の歌だが、雄略は私見（『広開土王と「倭の五王」』）では百済に定着した北燕馮氏系の人物である。北燕は慕容廆《かい》（廆の孫が儁《しゆん》といい日本では景《けい》行《こう》天皇＝ヤマトタケルのこと）の燕国が分裂してできた国だから、雄略は民族的には慕容鮮卑と考えられる。

こうしてみると『万葉集』の編纂者の大伴家持は、代々の日本国王の主流が慕容氏系だったことを知っていたとしか思われない。拓跋鮮卑《たくばつせんぴ》が早くから北方の内モンゴルに勢力を張っていたのに対して、慕容鮮卑は先に述べたように早くから東アジアに進出している。

桓武の「故郷」とユーラシア大陸

桓武天皇（右）は普段から鷹を飼うほど鷹狩りに秀でていた。鷹狩りは中央アジアに始まり、中近東から全アジアに広まっている。
左の図像は9世紀のウイグル王子を描いたもの（ベルリン国立アジア美術館蔵）。
大陸の香りが、桓武像とどこか通じてはいないだろうか。

（桓武天皇像／延暦寺蔵）

慕容の名は、慶州の古墳などから出土する歩揺《ほよう》（歩けば揺れる飾り）のついた冠に由来するといわれている。このことからみても当時、高句麗・百済・日本のみならず、新羅も慕容氏系の王に支配されていたようである。特に桓武が慕容氏系を意識しているのはこのような史実を踏まえているからと考えられる。

慕容氏は拓跋氏と同じ鮮卑族といわれているが、その民族と出身が多少違うという説がある。中央アジアのオアシス都市、敦煌《とんこう》の西四〇〇里の場所に阿歩干《あほかん》という鮮卑の山があり、それが慕容氏のルーツというのである。慕容氏は特に肌の色が白く「白部鮮卑」とか「白虜」といわれていたという（拙著『広開土王と「倭の五王」』）。どちらかというと拓跋部はアジアの北方、慕容部は東西に散らばって勢力を張っていたようである。どちらにしても桓武天皇が特に鷹狩りを好んだということは、幼い時から青年に達する時期、鷹狩りの盛んな地方で育った可能性が考えられる。

●牛を犠牲にする祭りと桓武の関係

もう一つ桓武を特徴づけるものに「殺牛《さつぎゅう》の祭り」がある。牛を殺して天（この場合、漢神＝外国の神）に犠牲として捧げるという祭りである。

『続紀』（延暦一〇年九月条・延暦二〇年四月条では越前のみ）に、伊勢・尾張・近江・若《わか》

狭《さ》・越前・紀伊国の百姓が牛を殺して漢神を祭るのを禁じるとある。漢神とあることから、普通は中国伝来の神と考えられており、丑年生まれの桓武が牛を殺すのを嫌ったという説もある。

しかし日本人にとって漢・唐などの名称は、単に異国、あるいは外国の意味でしかない場合が多い。右に挙げた伊勢・近江・紀伊などの国々は外来系の人々の多いところで、特に光仁・桓武父子に関係の深い地方である。あえて桓武を呪うためにこの祭りを行なったとは考えられない。しかし、桓武朝以前の奈良時代までに日本では「殺牛の祭り」の記録はない。したがって桓武天皇個人に帰する祭りであることは想像される。

牛だけを殺して天を祀るのは、西アジアからローマにかけて四世紀頃広まったミトラ教の祭儀にあるから、国際的な広がりを持った宗教祭儀といえる。ただしどういうルートで桓武天皇と関連してくるのかは不明である。

当時の勢力ある遊牧民は吐蕃と回鶻である。吐蕃は上層部には仏教徒がいたが、大衆はまだシャマニズムの段階に留まっていた。犬・馬・牛を殺して犠牲にして祀ったとあり、ミトラ教のように牛だけを殺したわけではなかった。回鶻はマニ教なので犠牲獣の記録はない。吐蕃はやがて仏教徒になり、今もチベットにほそぼそ残っている。回鶻はマニ教から一時、仏教徒になるが、イスラム教が東漸してくるとイスラム教徒になった。回鶻人は今もイスラム教徒が大多数を占めているのは周知のことである。

いずれにしても、日本でも仏教が庶民の間にも定着しつつあった時代なので、血なまぐさい祭りは大衆の支持するところではないと感じた桓武が禁止したのではないだろうか。

まだ聖武朝時代の天平九（七三七）年四月、東北で夷狄《いてき》の大反乱があり、天智の重臣の子、大野東人が阿弖利為《アテルイ》の一族と思われる帰服の狄「計安塁《ケアルイ》」をして鎮撫させたという。白壁王は一時、百済地方に亡命したとはいえ、桓武の生まれたこの年、七三七年には大野東人の東北経略の一員として、東北にあったことが考えられる。

白壁王が同年九月に初めて従四位下として史上に登場したのも、天智系鈴鹿王の台頭と同時に東北での功績もあるのではないか。これらからすると、桓武は日本でも東北で生まれたのかも知れない。

それにしても桓武のみが際立って中央アジア的な雰囲気があるのは不思議な気がしないでもない。

●大伴家持を追放するという陰謀

百川が没した後、桓武天皇の懐刀《ふところがたな》となったのは藤原宇合の孫で百川には甥にあたる種継だった。延暦元年一月一九日に、大伴家持や坂上苅田麻呂らが不破内親王の息子の氷上川継の謀反計画に連座して職を解かれた。それは先に述べたように魚名の陰謀だったのだが、種継も関係していた。

同年三月二六日に種継は参議に昇進している。『続紀』には同じ三月九日条に「虹あり、日を繞《めぐ》る」とある。この条に該当する中国の讖緯的表現はみあたらない。ただし『続紀』がいわんとしている意図は推測できる。虹は不吉な現象であり、日は国王を意味する。不吉な虹が太陽を巡って太陽を照らさないようにしているというのだ。

この意味は種継が桓武の近くにいつもいて、他の臣の意見を耳に入れないように覆い隠し、自分に都合のよい情報のみを桓武に流すという現象をいうと解される。したがって一月の苅田麻呂と家持の罷免は、魚名だけでなく種継の誹謗もあると『続紀』の編者は解釈しているのである。

しかし桓武は魚名や種継の誹謗をそのまま鵜呑みにするほど無能ではない。桓武は、やがて早良皇太子及び国内の武力勢力である家持一族を一掃しなければならないと決断していたのである。魚名や種継は桓武の真意をいち早く汲《く》み取って行動する、桓武にとってなくてはならない存在だったと私はみている。

「羅紀」の宣徳王（山部王）三年は同延暦元（七八二）年だが、宣徳王は二月に自ら漢山州（ソウル市周辺・かつての帯方郡）を巡幸し、国民を平壌に移住させ、七月に新羅の首都慶州付近で大規模な閲兵式を行なったとあるから、少なくとも二月から七月まで日本を不在にしているはずである。従って一月には日本にいた可能性があり、苅田麻呂と家持の罷免は魚名・種継の誹謗があったにしても、桓武自らが行なった人事と思われる。

桓武が日本を不在にしていたらしい六月一四日、先に述べたように左大臣の魚名が罷免され、同月一七日に春宮大夫従三位の家持が陸奥按察使鎮守将軍を兼任したとある。この両者の人事は桓武が不在中と思われるので、早良皇太子が任じたと思われる。早良皇太子は魚名の家持らに対する誹謗が許せなかったのだろう。この左大臣魚名追放という思い切った早良の行為には、なみなみならぬ魚名への怒りと家持への信頼を感じさせる。

しかし早良が桓武の心情を汲まず、意向を無視した魚名への処遇を桓武はとうてい許せなかった。桓武はこの時、すでに早良皇太子の廃位を決意したとみる。この延暦元年六月の魚名追放事件から後、桓武と早良の関係は修復不能の状態になっていたのである。

●長岡京遷都には反対者が続出していた

延暦三(七八四)年一月、種継は中納言になった。そして二月二日に家持は持節《じせつ》征東将軍として朝廷から任地に赴《おもむ》かされる。「持節」とは「節刀を賜う」ことだから、任地で全権を任されるという意味である。それまで陸奥按察使鎮守将軍といっても、名だけで任地に赴いてはいないのである。

この年「羅紀」で宣徳王の行動がみえるのは、四月に宣徳王が王位を去ろうとしたのを群臣が再三、止めたとあるのみである。したがって桓武は一〜三月にかけて日本に滞在していたようだ。

この時の家持の称号には春宮大夫がない。桓武は家持の春宮大夫の職を罷免し、奥州に転出させて早良皇太子と家持の間に物理的な距離を置かせたのである。そうしなければ、『水鏡』などにみえる天文の異変などからみて、早良皇太子だけではなく長岡京遷都には反対者が多数いた様子だから、スムーズに予定通り遷都の運びにはならなかったかも知れない。

平城京に住む公卿をふくめて、庶民ならなおさら桓武朝の日本が直面している危機には疎《うと》いので、なぜ辺鄙《へんぴ》な長岡京に遷都しなければならないのか不満に思っていたのである。平城京にあって家持は早良皇太子がもっとも信頼する家臣であり、よりどころだったから、逆に桓武にとって朝廷にあってはならない邪魔な存在だったといえよう。

翌延暦四（七八五）年一月、即位式を挙げて、ひとまず長岡京に定着することに成功した桓武は三月九日、多治比真人宇美《たじひのまひとうみ》を陸奥按察使に任命する。陸奥按察使の役職は、このときまで家持だったはずである。桓武は家持を罷免して宇美と交代させたのである。

ところが家持は四月一日付で、中納言従三位兼春宮大夫按察使鎮守将軍という旧職名をもって上表する。上表の内容は『続紀』によると、多賀城の周辺に新たに国府を二箇所おいて兵員を常駐させれば賊は攻めてこられないだろうというものであって、行政上の問題であり政治的内容ではない。当時多賀城（宮城県多賀城市）の守りだけでは南下してくる夷狄を防ぎきれなかったようだ。この家持の意見には朝廷は是としたとある。

したがって上表の内容に関しては特に問題にするほどのものはみえないが、しかしすでに三月に多治比宇美が陸奥按察使に任命されているのだから、家持は陸奥按察使としての権限はないはずである。家持が春宮大夫を含めてすでに罷免された役職名で上表しているのは不可解である。私は家持が罷免された役職名で上表しているのは、言外に罷免を不満とした桓武に対する抗議とみる。

●大伴氏による暗殺事件、そして皇太子の廃位

さらにこの時期、家持がどこにいたのかが以前より専門家の間で問題になっている。というのは五カ月足らず後の同年八月二八日、家持が没しているからである。そして家持の葬儀も終わらない九月三日、種継が家持の一族である大伴継人《つぎと》と竹良《ちくら》らによって暗殺されるという事件が起きる。この間、家持の遺体は放置されたままだったという。

大伴氏系図

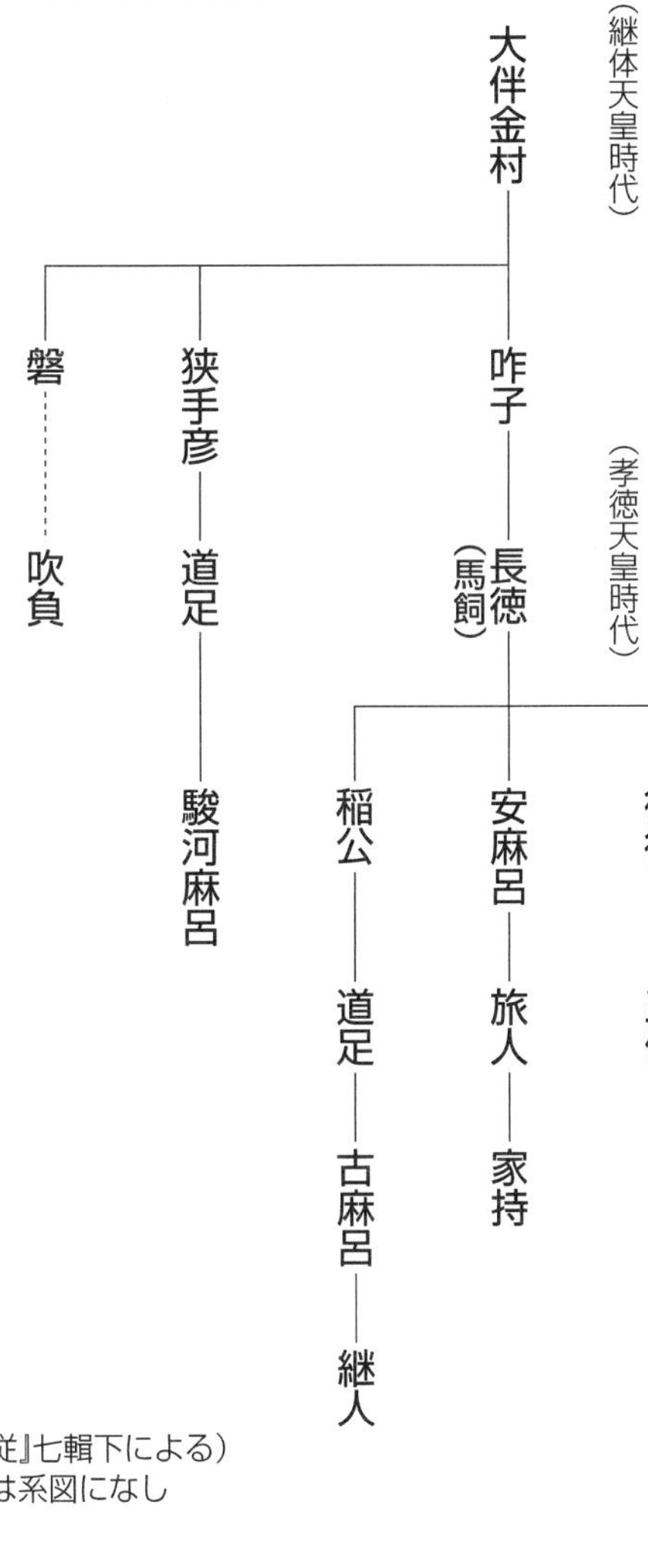

（『続群書類従』七輯下による）
※大伴竹良は系図になし

事件の起きたとき、桓武は伊勢大神宮に斎宮として向かう内親王を見送りかたがた、大和の国境まで行き、平城京に帰ったところだった。種継は長岡京の留守役として長岡京に残っていた。その間、松明《たいまつ》の灯りで長岡京の建物の造作を検査している最中に継人らに射られ、翌日、自宅の屋敷で亡くなったという。

継人らが種継を殺害に及んだ理由は明らかにされていないが、ただちに捕縛された。そして早くも翌一〇月八日、早良皇太子の廃位が山科山陵（天智天皇陵）・田原山陵（光仁天皇陵）・後佐保山陵《ごさほやま》（『延喜式』にいう聖武天皇の佐保山南陵を指すか）に告げられた。

『水鏡』によると、早良皇太子はまず乙訓寺に幽閉され、食事を絶たれたが一八日になっても死ななかったので、淡路島に流罪にし、その国の山崎という場所で没したとある。継人らが種継を殺すと、すぐに早良は処罰されたのである。その理由を『水鏡』では次のようにいう。

「早良皇太子は佐伯今毛人を桓武の留守の間に宰相にした。桓武が帰ると（恐らく新羅から）種継が、佐伯氏はかつて宰相になったことはない氏族であると桓武に抗議したので、桓武は今毛人の宰相役を取りやめ、ただの三位に留めた。この変更を大変、悔しく思った早良皇太子が種継を罰するよう再三、桓武に申し入れたが、聞いてはもらえなかった。そこで桓武が留守の間に早良は人を遣って種継を殺させた」というのである。

しかし『水鏡』にあるように佐伯今毛人のことだけで、早良が種継を殺させたというのは無理がある。第一、今毛人は宰相になったことはないし、当時の日本には宰相という役職もない。それに実際に種継を殺したのは家持一族であって佐伯一族ではない。今毛人の問題は桓武と早良の対立の一つではあったかも知れないが、早良皇太子を廃位するほどの重大事件とは思えない。『水鏡』で私が参考になるのは桓武が留守がちで、その間の人事権は早良の手中にあったということである。

『伴氏系図』の大伴継人の条に、早良皇太子の命令によって種継を射殺したので、桓武は大いに怒って一族を処罰したとある。ここにも早良の命令とあるから種継殺害に早良がかかわっていたことは確かだろう。『紀略』によると、家持を中心とする大伴・佐伯両氏が種継を排除しようと謀《はか》り、早良皇太子にその旨を告げ実行に及んだという。『続紀』では家持の死の直後、家持が種継暗殺事件に関与しているとされ、死後にも拘わらず官位を剝奪された上、二〇日を過ぎても埋葬されなかったとある。

●大伴家持はなぜ死んだのか

家持のきわめて微妙な時期の死にはいくつかの理由が考えられる。まず家持のそれまでの生き様からみて、皇位継承の内紛に絡む政争には係らない人だったという前提条件がある。したがって継人らは、早良皇太子に種継暗殺の命令を受けても家持が反対するので、ただちには動けなかった。たまたま家持が没したので、時機到来とばかりに、すぐ種継暗殺を実行した。

もう一つは早良皇太子からの命令は継人らにとって絶対的だったので、反対する一族の長老である家持を殺して種継暗殺を実行したのではないかという推量である。

第三の理由として家持の上表が原因と私は考えており、それが一番、真相に近いのではないかと思っている。三月九日、多治比宇美が陸奥按察使になり、後任が決まっているにも拘わらず、先に述べたように家持は四月一日に旧来の役職で上表している。『続紀』にみえる家持の上表文の内容には桓武に対する不満はみえないが、任期が過ぎ、おそらく交代要員の多治比宇美がすでに任地に来ているにも拘わらず、家持はこの交代を是認しなかったことは確かである。ただし家持が自分の意志で任地に留まったというより、宇美によって現地で拘束されたのではないだろうか。

家持は早良皇太子によって任じられた旧来の役職で上表しているが、違法である。桓武に謀反心があると受け取られても仕方がない。そのことは当然、家持としては覚悟の上の行為だっただろう。長年、隠忍自重してきた家持も年を取り、ついに堪忍袋の緒が切れたというのが真相ではないか。しかし宇美に拘束された後、桓武に上表して、自分には謀反の意志のないことを表明して帰郷することを乞うた。しかし結果は暗殺に近い形で殺された。したがって家持は任地の陸奥で没したと私は考えている。

『公卿補任』の家持の死を記している条に「在陸奥」とあることも、家持が没したとき陸奥にあったことを示唆しよう。死後、二〇日過ぎまで埋葬されなかったということは家持の死が一族に知られないように伏せられていたからであり、遠方の陸奥にあったからなおのこと一族が家持の死を知るのが遅れたのだろう。

桓武は多治比宇美を任地に赴かせ、おそらく家持を任地に留めたまま半ば幽閉して早良と連絡の取りやすい平城京にも長岡京にも帰らせなかった。家持の上表文は『続紀』にはみえないが、本意は帰京を願う書簡だったと思う。家持は死の公表の八月二八日のはるか前にすでに亡くなっており、家持が暗殺されたことを、かなり後になって知った一族が桓武の留守を狙って九月三日に種継暗殺を実行に移したと考えられる。

したがって継人らによる種継暗殺は早くから計画され、桓武が長岡京を留守にする時期を待っていたと考えられる。継人らは種継の誹謗によって家持が殺されたと思い込み、早良皇太子の了承を得て種継を射殺したのではないだろうか。

種継を殺した犯人の家持一族はなぜかすぐに捕らえられている。暗殺なのだから、犯人が不明な場合もあるはずだ。もし不明ならば早良皇太子が廃位されることもなく、種継という陰謀家がいなくなったというだけで、桓武と早良の対立も緩和されたかも知れない。桓武は家持を現地で多治比宇美に暗殺させた時に、次は種継が家持一族の手で暗殺されることをすでに予想していたと私は思う。ゆえに電光石火の速さで犯人の家持一族を捕らえ、早良皇太子を配流に処すことができたのではないか。

桓武の最終目的は弟、早良皇太子の廃位にあったのだ。

●桓武が必要としたのは外来勢力だった

思えば家持の祖父の安麻呂《やすまろ》も葬礼を受けず（『公卿補任』）、父の旅人《たびと》も暗殺されたらしい（拙著『西域から来た皇女』など）。家持もまた謎の死を遂げた。大伴宗家三代は悲劇の武門だったのである。

桓武天皇としては、自分の不在中は弟の早良皇太子が日本の内政を担当してくれて助かったが、帰国すると意見の対立が出てくる。内向きな藤原氏は、光仁・桓武朝の忠臣、百川・種継などの属する式家《しきけ》（宇合に始まる家系）を除いて当然、早良側にある。国内の武門大伴氏と佐伯氏は、とうに国際的な戦いに対応できる兵力を持たない公卿官僚となり、桓武にとって何の役にも立たない代物《しろもの》に化していた。桓武が現に必要としていたのは、今すぐ吐蕃とも中国東北部の勢力とも対等に戦える軍団だった。

その軍団は在来の日本人ではなく、当時、陸続と日本に入り込んできた東北の俘囚（狄俘）でなければ外国勢と対等に戦えない。俘囚を軍団に編成する実行力を持つのはやはり外来系の新来者である。ちょうどこの時期、坂上刈田麻呂が没し、田村麻呂が成人した。以前から桓武は在来の大伴・佐伯氏には何の期待も持っていなかったから、いつでも両者を抹殺できたのである。

桓武は唐を敵に回して日本国王になった。ゆえに常に唐や吐蕃・回鶻などの海外勢力の動きに目を向けていなければならない。外国の動向を注視していなければならなかったのだ。そのことに思い及ばない早良の存在が、桓武にとって邪魔になっていたのは確かである。

桓武は種継の死は悼《いた》んだと思うが、反面、早良皇太子追い落としの口実はできたと思ったただろう。しかし種継がいくら桓武天皇の右腕だとしても、桓武の留守の間、無事に日本を統治したのは弟の早良皇太子だった。その早良に弁明する暇も与えず、ただちに皇太子を廃し、死に至らしめた。この桓武の行為を日本の世論は是としなかった。桓武はこの後、生涯を通じて早良皇太子が桓武に負わせた負の遺産に悩まされることになるのである。

しかし桓武は早良皇太子が没した直後と思われる一一月四日に天神を交野の柏原に祀

り、長子の安殿《あて》親王（後の平城《へいぜい》天皇）を立太子させて日本親政の一歩を踏み出した。このときの右大臣は藤原是公で、桓武の皇太子時代から屋敷を提供するなど臣従していた。そして坂上田村麻呂が従五位下として初登場し、ここに桓武朝らしいスタッフが揃ったのである。

●唐は新羅王なら認めるが、日本国王は認めない

七八五（延暦四）年一月、宣徳王（山部王）が新羅を去った後、ただちに新羅王になったのは元聖《げんせい》王（金敬信《きんけいしん》）といい、奈勿王一二世の孫という。宣徳王は一〇世の子孫だったから、ともに古い時代の奈勿王にルーツをおいており、当時の新羅王、宣徳王の前の恵恭王とも血統的には遠い。元聖王は山部王が宣徳王時代の上大等（前述）だった。『唐会要』（巻九五）では元聖王は宣徳王の従兄弟《いとこ》とある。いずれにしても当時の新羅王家の血統からは断絶しているところからみて、宣徳王が王統に関係なく金敬信なる部下に新羅王を禅譲したとみて間違いない。元聖王の在位期間は一四年間あるが、山部王が後任に指名した王なので、日本との関係は前半までは比較的平穏だった。

元聖王は即位して二年目の七八六（貞元二・延暦五）年四月に、唐へ使者を派遣して土産物を進上したとある。「羅紀」が「朝貢」としていないのは新羅から使者を派遣しては

いるが、たびたび述べるように日本の桓武天皇（山部王）が新羅を通じて唐に使者を送ったからである。桓武は新羅元聖王の即位の承認と内々、自分が日本国王として即位したことの是非を打診したとみる。

「羅紀」によると徳宗は新羅使者を大いに歓迎し、丁重な詔書と莫大な土産物を妃にまで持たせたとある。徳宗は元聖王に破格な待遇をしたのだが、それには理由があった。この時期、吐蕃が朱泚との戦いのときの恩賞が少ないのを不満として唐と不穏な関係になり、八月には大挙して長安の西北部を荒らしまわっていた。徳宗としてはこのような事情もあるので、新羅の救援も考え過分に対応したとみえる。

ただし徳宗は宣徳王が新羅王になるのは認めたが、新羅の宣徳王だった桓武が日本国王に転身することは頑として認めなかった。同七八六（延暦五）年九月に渤海国使李元泰《りげんたい》らが出羽国に到着した。総勢六五人中、蝦夷に略奪された者が一二人もいた。朝廷は渤海使の来日を無視し、むろん上京もさせず、翌延暦六年二月、渤海大使らの要請をうけて帰国の船の手配をしただけだった。したがって渤海使の来日の目的は分からない。しかし渤海国の正式な使者に対する朝廷の応対は非礼といわざるをえないだろう。

もともと渤海王の大欽茂は山部王（宣徳王）との関係はよく、唐朝への贈物の仲介をしていた。しかし光仁朝末期、光仁朝のために僧侶の永忠へ黄金を渡す仲介をしたのも事実である。桓武天皇（山部王）としては光仁朝への行為を大欽茂の裏切りと感じたのだろうか。それもあろうが、さしあたって大欽茂は唐の手先になって桓武朝否定の徳宗の意向を伝えに使者を送ってきた、と考えたのではないか。

つまり渤海使が唐の密命を受けて来日したとみたのである。間違いなく新羅王だった桓武が日本で即位しているかどうかを確認し、改めて即位を否定する徳宗の命令を受けての来日だったと思う。当時の渤海は昔日の勢いはなく、唐に冊封されていたから、日本との関係よりも唐の意向を重視せざるを得なかったのである。そこで日本はいらざる介入とばかりに、渤海使を入京させることなく追い払うように帰国させたと解釈される。

大欽茂は半世紀以上在位した渤海王だが、すでに晩年にかかり、長子の皇太子が早く没したこともあって内紛が絶えなかったようだ。唐が弱体になると渤海は吐蕃など周辺の諸民族に圧迫されていた。しかし、これまで細々ながら国として存続できたのは唐の意向を日本に伝えるメッセンジャーの役をして、唐と日本から莫大な恩賞を受け取っていたのが大きいと思う。

渤海は唐に冊封されて国としての権威を高め、契丹《きったん》などの傭兵を雇って周辺を守らせ、わずかに国としての面目を保っていたようだ。たびたびくる船の便も、ほとんど日本が用意しているから、渤海使は日本の作った船で往来していたのである。軍事力を契丹の傭兵に頼っていたから、やがて契丹は横暴になり、間もなく渤海は契丹に滅ぼされ、契丹は渤海の故地に遼《りょう》という国を建国する。

●日本を巻き込む東アジアの攻防

さて徳宗は新羅の元聖王の即位は承認したが、謀反した朱泚側にあったうえ、新羅王の宣徳王として承認した桓武を日本王として承認するはずはない。ただし徳宗以後の歴代唐の皇帝は、日本国王が天智系か、あるいは女性でなければならないと拘《こだわ》ることはなくなった。

それよりも唐が財政的にも兵力的にもきわめて逼迫《ひっぱく》してくるので、唐の要請に答え得る日本国王を承認するようになる。唐の要請とは軍事力と経済力、つまり金銭である。日本では嵯峨《さが》・淳和《じゅんな》天皇と二代続く、成人した天皇の不可解な譲位にも唐の意向が絡んでいる。そうなると朝廷に発言権のある藤原氏が、各自分の擁立する皇族を即位させようと猛烈に唐朝に働きかけをするようになる。

自分の娘を立后させ、幼帝を立てた藤原氏の一人が朝廷の実権を握るようになる平安時代とは九世紀の末、唐の最末期の時代、つまり日本がほとんど鎖国の状態になってから後の話なのである。平安時代初期の桓武天皇時代は、未だ唐国を中心とする東アジア政治文化圏の中の一国だったのである。

『続紀』延暦六（七八七・貞元三）年四月一日条に、唐人王維倩《おういせい》と朱政《しゅせい》らに栄山忌寸《さかいやまのいみき》という姓を与えたという。朱姓は朱泚を思わせ、朱政は朱泚の一族だったのかも知れない。一族だったとしたら亡命してきたのだろう。このように桓武は日本王として日本に定着しても、東アジアの攻防から抜け出ることはできなかった。そして彼ら唐人から、この年おきる中国での重大事件の前兆を聞いたことだろう。

同延暦六年五月五日に、陸奥鎮守将軍の百済王俊哲《しゅんてつ》が事に坐して日向権介《ひゅうがのごんのすけ》に左降される事件があった。「羅紀」の同じ五月条に「太白見昼」とある。金星が昼間見えたというのである。その讖緯的意味は「兵喪」（『宋書』志一五・天文三）で戦いがあり、自軍が敗れるという象である。この時期、新羅で戦いがあった様子はない。しかし同じ五月、唐では大事件が起きていた。

●吐蕃は日本の東北地方に続々と上陸する

吐蕃は朱泚の謀反を鎮圧した報酬をまだもらっていないということと、「清水《せいすい》の盟約」（124ページ）で決めた境界が不確定なので、もう一度、盟約をやり直したいと唐に申し込んできた。徳宗は吐蕃が不実なので疑っていたが、結局、同七八七（貞元三）年五月二四日に平涼川《へいりょう》（清水の北東、平涼郡を流れる川か）のほとりで盟約をやり直すことになった。

唐側の侍中らと吐蕃の尚結賛《しょうけつさん》が会見することになり、結賛が幕内に唐使者を呼び込んだところで、突然、結賛が太鼓を打ち、それを合図に吐蕃兵が乱入して、武装していない唐使者らを殺戮《さつりく》した。唐側は文官・将兵合わせて四〇〇〜五〇〇人もの犠牲者を出し、略奪された者一〇〇〇人を超えたという（『旧』・吐蕃下）。ようするに尚結賛は最初から唐と和解する意志はなく騙し討ちをしたのである。この時以後、吐蕃と徳宗の間は和解の余地がなくなった。またこの後、数年間にわたって吐蕃の全盛時代でもあった。

この時期、先に述べたように閏五月、陸奥鎮守将軍百済王俊哲が罷免されている。記録にはみえないが、中国の吐蕃の動きに連動して、陸奥に外国勢の侵攻があり、俊哲が敗退したのが原因かも知れない。

『続紀』には七月七日条に再び「太白見昼」とある。この頃、唐と吐蕃は一進一退の攻防の最中で『続紀』がどのような意味を持たせてこの条を記したのか判然としない。少なくとも国内においては戦いの気配はみえないが、一二月には「軍糧を陸奥に運ぶ」とあるから、唐と吐蕃との戦いの余波で東北方面が吐蕃に侵略されていたのを暗示しているのかも知れない。

しかし百済王の俊哲が更迭された後なので、この時の陸奥鎮守将軍は空席のままだったのだろうか。それではなおさら外国勢は簡単に東北に侵入することができただろう。翌年二月条に多治比宇美が陸奥按察使兼鎮守将軍に任じられたとあるところをみると、この頃、東北勢の侵略には多治比宇美が当たるしか人材がいなかったのだろう。しかしこの讖緯的表現からみて多治比宇美軍も敗退し、陸続と吐蕃は東北に上陸したようだ。

同延暦六年一一月五日、桓武は天神を交野で祀った。この時の祭文が『続紀』にみえるが「嗣天子臣《してんししん》」が「昊天上天《こうてんじようてん》に告ぐ」という文から始まっている。この文例は高宗や則天武氏が泰山封禅したときと同じである（『全唐文』）。自分が皇帝に選ばれ、四海平穏であることを天帝に謝し、謹んで献上品を供するという内容を難しく述べているに過ぎないので省略するが、桓武天皇の祭文で特徴的なのは、孝子皇帝臣諱《こうしこうていしんい》（桓武のこと）が高紹（光仁）天皇を誉め称え、品々を捧げるとあることだ。

中国の場合、泰山封禅という性格上、あくまでも地上の皇帝になった自分が天帝に感謝し、末永い国家の平安を願うことにあるから地上の父子の関係を云々《うんぬん》することはないし、その場所でもないと考えられているようだ。いずれにしてもこのとき、桓武が交野で天神を祀った儀式は、明らかに唐からの独立を内外に知らしめるためのパフォーマンスだったことは間違いない。

第二章　東北征伐の真相

●朝廷軍の戦勝を祈る

桓武天皇が天神を祀ったのは延暦六年一一月だが、蝦夷征伐と銘打って翌延暦七（七八八）年三月条に、軍糧と塩を多賀城に各地から運ばせたとある。さらに東海・東山・坂東《ばんどう》諸国の歩兵五万二千八百余人を徴発し、三月末をもって陸奥多賀城に集合させた。いよいよ本格的な東北征伐の準備にとりかかったのである。

この年は中国では貞元四年だが、吐蕃は四月から五月にかけて三万（『通鑑』では一〇万）の兵をもって西川《せいせん》（雲南の西北）方面を荒らしまわり、人畜合わせて二三万の死者を出したという。普通、吐蕃は常に秋冬には入寇するが、春は疫病が流行るので退却している。盛夏はその患《わずら》いがないので出兵してくるという（『旧』・吐蕃下）。四～五月は旧暦でも酷暑の時期ではないが、この時は侵略してきたという。しかし唐側の城は堅く門を閉じて守るだけで、吐蕃と交戦しようとしなかった。その中で韋皐《いこう》という唐将だけは別だった。

吐蕃は西川に攻め込む時、常々支配下においていた雲南（南詔）に参戦を求めた。雲南はその前に韋皋が書を送って唐につくように誘っていたので、唐に内附《ないふ》する意思を持っていたから、吐蕃の要請に応ぜず、数万の兵を留めたままだった。その機会を逃さず、韋皋は再び雲南に書を送って叙位する意志が唐にあることを知らせ、帰服することを求めた。ここで吐蕃は雲南の裏切りに気づき、二万の兵をもって雲南が南下する蜀《しょく》の道を塞《ふさ》いだ。これを契機に雲南は吐蕃への援軍の兵を退き、唐側になった（『通鑑』）。この後、唐国の傭兵は雲南兵が主体となり、吐蕃と回鶻の勢力が衰えた後、南詔の名において唐国の脅威となっていくのである。

日本では同延暦七年四月一六日、五カ月間も雨が降らなかったので、桓武は早朝、沐浴《もくよく》し庭に出て祈雨《きう》の祈願をしたところ、しばらくたつと雨が滂沱《ぼうだ》と降ってきたという。この祈りは旱魃《かんばつ》のためだけではなく、そのうち始まる朝廷軍と東北の蝦狄戦での戦勝を祈願したのではないだろうか。

しかしこの頃、吐蕃は最盛期だったから陸続と東北に上陸していたと思われるが、朝廷側はなかなか出兵には至らなかった。ようやく同年一二月七日に征東大将軍紀古佐美《きのこさみ》が辞見《じけん》（別れの挨拶）に参上した。桓武は特に殿上に呼んで節刀を渡し、勅書を下してだいたい次のように言ったという。

「すべてのことは汝《なんじ》、将軍に任す。以前蝦夷と戦った将軍は軍令を遵法せず、軍を逗留《とうりゆう》させたままだったり、欠いたりすることが多かったと聞いている。その理由はひとえに（軍）法を軽んじるからである。もし副将が死罪に値するような行為をしたならば、拘束して奏上し、軍監《ぐんかん》（将校）以下は法のもとに斬首するよう。坂東の安危《あんき》はこの一点にある。将軍はよろしく勉《つと》めるよう」

ここでは軍を逗留させることが重大な罪であると明言している。唐でも軍勢が約束の時間に遅れたり、戦わなかったことを理由に流罪になった将軍は何人もいる。たとえば六六八年の対高句麗の戦いで、半島土着の唐将劉仁願《りゅうじんがん》の兵の到着が遅れたことを理由に、高宗は劉仁願を雲南に流罪に処している。軍を逗留させたまま時期を失して戦わない場合は最大の罪とされるのである。このことは、たまたま約束した時期に間に合わなかったというだけでなく、他民族を率い、また将軍も民族が違う場合が多いから、唐は裏切りを極端に恐れているのである。

また多賀城に軍勢を集めているのだから、当然、征東将軍の紀古佐美は多賀城に行ったはずだが、桓武はこの戦いに敗れると坂東（関東地方）が危うくなると述べている。ということは当時、多賀城は日本の最前線になっており、多賀城が陥落すると坂東も夷狄の領地になる可能性が高かったということである。そうすると七三〇年代の聖武天皇の天平時代、大野東人が多賀城を築き、東北一帯を治めていたときより大和朝廷の統治範囲は狭まっているのが分かる。桓武が危機を感じているのは当然だったのである。

●「今すぐ進軍せよ」と苛立った桓武

翌延暦八（七八九）年正月甲辰の朔条に「日蝕」とある。甲辰の日蝕は「四騎脅《しききょう》」（「春《しゅん》秋潜潭巴《じゅうせんたんは》」）という暗示であるという。四方から敵に脅かされるという意味である。

四方の敵とは、まず桓武朝を認めない唐国、そして東北に攻め入る吐蕃などの周辺民族、回鶻、南詔もふくまれるだろう。それに唐に臣従する渤海など、すべてが敵となって日本を脅かすという意味である。ただし「羅紀」にもこの年（元聖王五）正月一日に日蝕があったとあるから、この頃までは新羅は日本とは緊密に同盟していたようである。つまり日本の脅威は新羅の脅威でもあったということである。

一月九日、参議大宰帥《だざいのそち》正三位の佐伯今毛人が辞意を申し出て許された。佐伯今毛人は家持と同じ武門の出であるが、光仁朝に遣唐大使に選ばれながら辞退した。おそらく先に述べたように、山部王の邪魔が入り、任務を全うできないと感じたからだろう。今毛人としては保身に過ぎなかったのだろうが、桓武としては今毛人の遣唐使辞任を是とし、家持のような目には遭わされないばかりか、大宰帥の現役だった。この年、大宰帥を辞任したのはとても任には堪えられないと思ったからだろう。確かに日本は中国の動乱の余波を受けて大変な時期だったのである。

三月九日、諸国の軍勢は多賀城に会し、いよいよそれぞれ別の道から賊地に入った。朝廷では伊勢神宮に幣《へい》を奉《たてまつ》って戦勝を祈願した。ところが五月になっても軍はまだ衣川《ころもがわ》（北上川の支流・かつての岩手県胆沢郡衣川村）に留まっていたので、五月一二日、桓武は叱責の勅書を征東大将軍の紀古佐美に送った。その内容は次のようだった。

「四月の奏上によると、三月二八日に軍は衣川を渡って頓営《とんえい》を三箇所に置いたという話だった。しかし、その後、三十余日過ぎても動いていないのは不審である。その理由が分からない。兵はすばやく動くのがよく、戦略の相談で時間を費やす必要はない。六月から七月にかかったら極熱の時期になる。今、進軍しなければおそらく時機を失するだろう。そのときに悔いても何にもならない。将軍らは機に応じてすばやく進退し、間が空いてはならない。久しく一箇所に留まっているのを自分（朕《ちん》）は怪しんでいる。軍が留まっている理由と賊軍の様子を知らせよ」

という内容だった。遅々として進軍しない朝廷軍に桓武天皇は苛立っていたのである。

六月三日になってようやく将軍らが返答した。それによると軍を前・中・後の三つに分け、中・後の兵二〇〇〇人で共に川を渡って賊帥の阿弖利為《アテルイ》のいる場所に向かった。阿弖利為側は三〇〇人ばかりいて迎え撃ってきた。

その名からして阿弖利為の祖先と思われる帰服の狄、計安塁《ケアルイ》なる者がすでに天平九（七三七）年四月、鎮守将軍大野東人の配下として働いている（前述）。東人は七四〇（天平一二）年の「藤原広嗣《ひろつぐ》の乱」を収めてから間もなく没した。東人が没して半世紀近く阿弖利為の一族には紆余曲折があったとみえ、この時期は朝敵となっていたのである。

ところで初めは官軍の勢いが強く、阿弖利為（『続紀』では賊とある）側は退却した。退却した阿弖利為側を追って巣伏《すぶせ》村（場所不明）に至り、前軍と兵を合わせようとしたが、前軍は賊に阻《はば》まれて進むことができなかった。さらに賊衆が八百人ばかり出てきて中・後の軍と戦った。朝廷軍は二〇〇〇、賊軍は合わせて一一〇〇人だから半分に近い。それでも賊軍の勢いが強く、朝廷軍は退却気味になったとき、四〇〇人ばかりの賊衆が突然現われ、朝廷軍の退却路を塞いだ。

朝廷（官）軍は前後の敵に囲まれ大敗し、何千人もの犠牲者を出したという。この阿弖利為との戦いで完敗したという報に接した桓武は激怒して次のように言ったという。

「胆沢の賊はすべて河東に集まっている。まずこの地を征した後に奥地に入るよう計画すべきだった。この敗戦はすべて副将らの作戦の失敗である」

胆沢の賊が河東に集まっているということまで桓武が知っているということは、私の想像しているように、若き山部王時代にこのあたりで実戦の経験があったということだろ

東北地方の主な城柵（8世紀〜9世紀初頭設置）

「胆沢の賊」と呼ばれた吐蕃の阿弖利為は延暦8（789）年6月、朝廷軍に大勝。これを知った桓武は征東将軍の紀古佐美を激しく叱責した。
のちの802年、坂上田村麻呂が朝廷に命じられ胆沢城を築城するが、このころには内外の情勢変化により、阿弖利為は朝廷に帰順の意思を示すようになる。

う。

●敗軍の将は弁解する

この桓武の勅書に対して征東将軍の紀古佐美は、食料を奥地に運ぶだけでも大変だったなどと、くどくどと弁解し、六月一〇日をもって軍隊を解体したいと奏上した。つまり全面降伏して退却し、軍そのものを解散しようというのである。その返事の勅書には、将軍らは賊を怖がり、軍を逗留したのが敗戦の理由であり、あれこれ弁明して軽がるしく兵を解散しただけで罪を逃れようとしているのは「不忠の甚だしきこと、これに及ぶものはない」と桓武の怒りは頂点に達した。

しかし九月に紀古佐美が多賀城から帰って拝謁し、節刀を返却したとき、古佐美が過去に忠実に仕えたのに鑑《かんが》み、免罪とした。副将の二人は本来なら斬刑に処するところだが、特別に官職を免じただけだった。このような甘い処罰は桓武の本意ではなかったと思う。恐らく日本の朝廷の常識に桓武も次第に従わざるを得なかったのだろう。

一方、この決定的敗戦で桓武の心境に大きな変化がおきたようである。桓武は日本の現実につきあたったのである。つまり、唐国の争乱の余波でわずかな吐蕃が東北に侵入しているのさえ討伐できない日本の軍事力の弱さに愕然としたのである。弱体だったとはいえ旧来の日本の武門である大伴・佐伯氏に代わるものすら、今はまったく存在しないという厳しい現実だった。結局、桓武は唐国と講和し唐国と協力して吐蕃の侵入を防ぎ、東北を守る以外に日本の自存の道はないという結論に達したようである。

一方、唐国では同（七八九・貞元五）年一〇月、剣南《けんなん》節度使になった韋皋が東蕃（靺鞨・突厥・契丹・新羅など）の要請に応えて出兵し、青海で吐蕃に大勝した。斬首二〇〇〇以上だったという（『新』・列伝八三韋皋）。この敗戦で殺された吐蕃の中に、尚結賛の子で勇猛でその名を轟《とどろ》かせた遮遮《しやしや》なる者がいた。彼が死んでから後は官軍（唐）が吐蕃の城柵を次々に降し、降らない城柵はなかったので、吐蕃は撤退し、数年間のうちに青海周辺は唐に帰したという。この頃から吐蕃勢力にかげりがみえてくるようになる。

桓武は六月の阿弖利為との戦いに敗戦したので、秘かに新羅を通じて韋皋に働きかけ、韋皋は桓武の指図とは知らずに新羅を含めた東蕃の兵を率いて青海で吐蕃を攻めたということも考えられる。

●日本の自存のために、秘かに唐と……

延暦九（七九〇・貞元六）年、唐では北庭都護府《ほくていとごふ》（新疆《しんきょう》ウイグル自治区トルファン付近）が吐蕃によって陥落して節度使らが逃げ出し、これ以後、北庭は唐の支配下ではなくなった。場所が唐の西北の北庭だったせいか、日本への影響はなかったようだ。

この年、『続紀』三月二八日条に桓武の皇后、藤原乙牟漏《おとむろ》が没したとあり、その子女は賀美能《かみの》親王（後の嵯峨天皇）と高志《こし》内親王とある。通常、『日本後紀』などにより、安殿《あて》皇太子は桓武の長子で母は乙牟漏ということになっている。しかし安殿の国際的活躍からみて、私は常々、安殿の母系は藤原氏ではないとみていた。『続紀』の記載どおり乙牟漏の子は二人だけで、安殿の母親ではなかったようだ。

安殿は七七四（宝亀五）年生まれとあるが、この年は父の山部王が新羅の良相として上大等となり国際的に活躍していた時代だから、安殿は日本以外で生まれた可能性が強い。桓武には藤原氏の妃は何人もいるのに、安殿（平城天皇）には正式な皇后はおらず、妃にさえも正式には藤原氏が存在しないことに関係するかも知れない。

ところでこの年、延暦九（七九〇）年はまた、三月に東海は相模《さがみ》以東、東山は上野《こうずけ》以東の諸国に勅命で軍料の糒《ほしい》約一四万石を備えさせ、四月に大宰府に命じて鉄冑《てつちゅう》二九〇〇余りも準備させた。この軍備は東北の蝦夷征伐のためではなく、中国東北部に遠征するための軍備だったようだ。九月三日に安殿皇太子の病のため京下の七寺で読経したとあるが、この読経は日本から安殿が出兵するので、その戦勝祈願だったのである。

この年、七九〇年、新羅では後に新羅憲徳《けんとく》王になる彦昇《げんしょう》なる人物が唐国に行っている。

後に説明するが、その彦昇こそ安殿皇太子で、彼が率いたのが日本から行った蝦夷軍団である。桓武天皇は徳宗に認められていないので、唐国のために公《おおやけ》には日本から出兵できない。そこで新羅の彦昇に、新羅兵として蝦夷軍団を率いさせ、唐国に遠征させたのである。

翌延暦一〇（七九二）年一月一八日、百済王俊哲と従五位下の坂上田村麻呂は東海道に遣わされて、軍士を選抜し兵具を調べる任務についた。桓武の側近くに近侍していたらしい田村麻呂がこの時、初めて地方に出ている。唐では引き続き北庭の争乱が続いたが、日本とは直接関係しなかったようで日本国内の争乱はなかった。しかし対蝦夷対策は怠《おこた》らなかったようだ。

ただし六月庚寅《こういん》朔に日蝕があったとある。庚寅の日蝕は「電撃殺人、骨肉争功」（「春秋潜潭巴」）と突然、殺人事件がおこり、親子兄弟が争うという意味だが、そのような事件はこの頃、日本にはない。「羅紀」によると同七九一（元聖王七）年正月、王太子が没し、謀反人が殺されたとある。この頃から親日一辺倒の新羅に不穏な空気が流れ出したようだ。

日本では七月に従四位下大伴弟麻呂《おとまろ》を征夷大将軍に、正五位上百済王俊哲（九月から下野守兼陸奥鎮守将軍）・従五位上多治比浜成《はまなり》・従五位上坂上田村麻呂らを副使に任じたとある。大伴弟麻呂は六七二年の「壬申の乱」の時、大海人皇子側として戦った大伴吹負《ふけひ》の子孫で昔からの大伴宗家の支流である。田村麻呂を含めてこの人員は当時、日本における最上の将軍だったとみえる。

九月には「殺牛の祭り」を禁じている。桓武は日本の態勢に順応し、自分のルーツを探られるような祭りを禁止にしたようだ。一一月には坂東諸国に軍料一二万石を準備させた。怠りなく臨戦態勢を整えさせたのである。

●東北が日本でなくなる危機

翌延暦一一（七九二）年一月一一日に陸奥国が次のように言上してきた（これ以後『日本後紀』による）。

「斯波《しわ》村（岩手県紫波郡）の夷、胆沢公阿奴志己《あどしき》が使いをよこして、伊治《これはる》村（宮城県栗原市）の俘囚が妨害するため朝廷方と連絡をとることができない。彼らの妨害を排除し道を確保してくれるように願い出たので、物を下賜して帰らせた」といってきた。

それに対して「夷狄は嘘をつき不実である。帰服するといいながら、ただ利益を求めるために来るのが目的なのだから、定例の贈物以上のものを与えてはならない」と朝廷は指示している。

この場合、阿奴志己は朝廷側に連絡したいために道を確保してくれるように頼んでいるのであって、物が欲しいわけではない。それに名に公がつくところをみると、すでに帰服した夷であることは間違いない。陸奥の役人は俘囚（狄俘）によって塞がれた道を開く兵力がないから、仕方なく物を与えて帰したのである。当時の朝廷は桓武が独裁していたとみられるから、これは桓武の意見だろう。

しかし、このことは小さな地域紛争にみえるが、大きな国際問題に発展する可能性を持つ。伊治村の俘囚は来日して日が浅く、反朝廷側とみて間違いないからである。俘囚の本願の地がどこにあるか分からないが、日本国内ではなく中国東北部にあることは間違いない。

まずこの頃の狄俘は吐蕃系とみて間違いないだろう。吐蕃系の狄俘が反朝廷側なのは当然である。**彼らが朝廷側に下った蝦夷を支配して朝廷に反旗を翻《ひるがえ》したなら、本国の吐蕃なども加担して東北は日本ではなくなる可能性があるのだ**。もう一つ、桓武朝が帰服の夷である阿奴志己に冷たくあたった理由は別にある。それは「道を塞ぐ俘囚がいて朝廷側に行けない」というのは、行きたくないので言い訳したと桓武はとったのである。

一月二九日条にある「白気貫日」は、たびたび述べているようにクーデターの暗示である。このままだと桓武朝の日本は東北から瓦解する可能性がある。そこで桓武は早く唐と和解しようとあらゆる工作をするようになる。

六月五日に、安殿親王の病のため畿内の霊験あらたかな神社に奉幣したとある。そのうえ六月一〇日、安殿皇太子の病が長期にわたるので占うと早良親王の祟りであることが判明したので、諸陵係を淡路に遣わして謝罪し陵を整備させた。このような神頼みは安殿親王の病のためではなかった。これも先に述べたように新羅から出陣した彦昇こと安殿皇太子の戦勝祈願だったのである。

唐では同貞元八（七九二）年四月に吐蕃が霊州を侵略して人畜を掠奪し、六月にも数千騎で攻めてきた。九月になって西川節度使の韋皐が吐蕃の大将、論賛熱《ろんさんねつ》をついに捕らえ、長安に送った。一一月には山南西道の節度使が吐蕃を破り、その屍《しかばね》を焼いて首領の首を唐朝に捧げた。この頃から吐蕃の勢いははっきり衰退してきたのである。

吐蕃が唐との戦いに苦戦していた同延暦一一（七九二）年七月一五日、桓武は次のような勅を下している。

「夷の尓散南公阿破蘇《にさなのきみあわそ》が遠方から入朝を望んでいる。その言葉は誠に忠義である。深く喜ばしく思うものである。三〇〇騎の壮健な騎兵で国境まで出迎え、専《もつぱ》ら朝廷の威勢を示せ」

それから一一月三日には、朝堂で阿破蘇と宇漢米公陰賀《うかめのきみおんが》に爵一等を授与している（『類聚国史』巻一九〇）。なぜ桓武朝は夷の入朝に際して分に過ぎた出迎えをしたのか。これでは先の夷の阿奴志己とあまりに違う待遇ではないか。

前年から田村麻呂は征夷副使として東北にいたはずである。田村麻呂らは蝦夷や俘囚を説得して兵を集め、中国東北部から唐の対吐蕃戦に駆り出したのだ。阿奴志己は俘囚の妨害を理由に中国東北部の遠征に参加しようとしなかった。そこで桓武は冷たい態度を取ったのである。それに反して尓散南公阿破蘇は遠征した。そこで非常な厚遇をしたのである。

詔勅に三〇〇騎の兵で国境に出迎えるようにとあるが、国境とは福井から近江に入る場所にある愛発関《あらちのせき》をいうのではないか。中国東北部から日本海に上陸して凱旋した、吐蕃と戦った蝦夷軍を、桓武は最大級の栄誉をもって出迎えさせたのだ。田村麻呂が東北で活躍するこの頃から吐蕃の勢力は衰退の一途をたどる。

蝦夷軍団が強く、吐蕃の衰退をもたらしたのが蝦夷軍団だったのか。私としては判断しかねる。いずれにしても桓武は唐側として吐蕃征伐に加わることで、徳宗の日本王承認を取りつけようとしたと考えられる。しかし桓武朝を認めない徳宗が日本の救援を受け入れるとは思えない。そのうえ長年、日本に定住している蝦夷が、急に地理も分からない中国に行き、本場の吐蕃と対等に戦えるはずはない。そこには国際的に活躍をする指導者が必ずいるはずである。

●父・桓武を助けた男

新羅の憲徳王は元聖王から三代目で、元聖王から孫の昭聖《しょうせい》王、昭聖王の次は昭聖王の太子の哀荘《あいそう》王、そして次の憲徳王は昭聖王の同母弟とある。同母弟とある場合、天智と天武のように血統では男系で繫がらないようだ。元聖王の前は宣徳王で、私見では山部王だが憲徳王と共通しているのは両者に「徳」の字があることだ。憲徳王は宣徳王の太子、すなわち桓武天皇の皇太子安殿親王と私はみている。

憲徳王は八〇九（大同四）年に即位したが、即位前の名は彦昇といい七九四（元聖王一〇）年二月に侍中として「羅紀」に初登場している。憲徳王即位元年条には先に述べたように七九〇（延暦九）年に唐国に行ったとあり、日本では九月に安殿皇太子の病のため、京中の七寺で読経を行なったという。桓武は入唐した安殿皇太子こと彦昇の戦勝を祈願して七寺に読経を命じたのである。

そして尓散南公阿破蘇ら蝦夷が凱旋し、桓武朝に迎えられる延暦一一（七九二）年七月の前月である六月、安殿皇太子の病は早良皇太子が祟っているという占いによって淡路島に謝罪の使者を送っているが、もちろん安殿親王は病気ではなかった。

私の推測では、安殿皇太子は父親の山部王と同じ行動をとったのである。つまり山部王は父親光仁のため、中国東北部の朱泚ら勢力に加わって光仁朝を認めない唐に抵抗し、吐蕃の南下を旧高句麗地で防いでいた。そして桓武朝が成立すると、桓武朝を認めない唐に対して、父桓武が祖父光仁に貢献したのと同じ働きを今度は安殿皇太子がしたのである。

すでに一七歳と当時としては成人した安殿は、桓武朝の窮状に七九〇（延暦九）年、新羅から新羅使者彦昇として入唐した。何よりも救援の兵を求めているのは唐である。しかし徳宗としては、日本国王として承認しない桓武朝の日本の救援は拒否せざるを得ない。徳宗が新羅王として冊立した元聖王の新羅からの救援なら喜んで受け入れるだろう。そこで安殿皇太子は新羅の彦昇として、田村麻呂らがかき集めた東北の蝦夷を新羅の軍団として編成し、対吐蕃戦に参戦した。もちろん新羅にとっても吐蕃の南下が防げるので国益になる。そこで桓武は早良皇太子が祟って安殿が万が一にも敗戦しないよう、改めて早良の陵に謝罪したのである。

早良皇太子陵への謝罪の効果があったのか、蝦夷たちは無事凱旋した。桓武が厚く報じたのは当然だったのだ。

安殿皇太子が凱旋した年、七九二年は新羅では元聖王八年だが、「羅紀」に八月、使臣を唐に派遣して美女の金井蘭《きんいらん》を献じるとある。朝貢ではなく、贈るとか献じるとある場合は日本が係っている。日本の史料には何もみえないが、この美女はただの美女というわけではない。ただの美女ならいくらでもいる。金姓は宣徳王、すなわち桓武の新羅での姓だった。

私の考えでは桓武が新羅に滞在していた頃、新羅で生まれた娘だろう。おそらく桓武は徳宗の意を迎えるために、新羅を通じて自分の娘を徳宗の後室に贈ったのだろう。それは新羅の史料である「羅紀」と日本の史料『紀略』に、同じように一一月壬子朔に日蝕があったとあることによって推測される。

壬子の日蝕は「女謀主」(「春秋潜潭巴」)で、女性が主を謀略にかけるという意味だが、この場合、桓武が娘を徳宗に献上して徳宗の桓武への態度を軟化させる意図を持っていたと思われる。桓武はこの時期以後、なりふりかまわず唐への接近を試みていたのである。

第三章　平安京の秘密

●渤海王の喪に服した日本

延暦一二（七九三）年は五六年間にわたって渤海王だった大欽茂の没した年である。朝廷は正月一四日に三九人の僧侶を宮中に招き『薬師経』を読ませ、天下に七日間、殺生を禁じたという。もともと仏教には比較的冷淡な桓武がこのような儀式を行なうのは異例である。七日も殺生を禁じるなど国王クラスの死しか考えられない。日本はこの時、大欽茂の死をすでに知っており、追悼の儀を行なったとみられる。

大欽茂が即位したのは父の大武芸（渤海国二代）の後だが、半世紀以上の長い治世の間に大武芸の在位時代のような勢いや国力がなくなり、西北は唐の地方勢力や土着の靺鞨、吐蕃などの勢力に押され、晩年になると渤海五京のうちで最も日本との交通の便がよく「日本道」とも呼ばれていた東京《トンキン》龍原府（吉林省琿春八連城跡）に首都を置いていた。大武芸が天平聖武を送り込んできてから後、両国の間は緊密であり、渤海は日本の存在なくしてなりたたなくなっていたようだ。

しかし大欽茂は一時、安禄山の支配に下り、藤原仲麻呂は渤海と連合して親唐の新羅攻めに熱中していた。大欽茂は安禄山の乱が終焉に近づくと唐側に寝返り、唐側の攻撃を避けた。したがって光仁朝の初めは渤海使が来日しても歓迎しなかったが、光仁朝の晩年は渤海を通じて唐との連絡をとり、唐使の来日にこぎつけることに成功し、光仁朝は大欽茂と最終的に和解したのは述べた通りである。

ところが山部王（後の桓武）はもともと大欽茂との関係は良かったのだが、光仁朝の遣唐使の派遣を妨害してから大欽茂は山部王に好意を持っていなかった。山部王も即位してから大欽茂の渤海を唐側の間諜として警戒するようになっていた。そこで渤海使が来日しても、恐らく唐の桓武朝否定の知らせをもたらすだけと判断したとみえ、先に述べたように上京させずに帰国させている。

桓武朝としては、大欽茂が生存中には渤海と国交を回復する気はなかったのである。したがって桓武は大欽茂の渤海ルートで遣唐使を派遣するわけにはいかなかった。そこで、もっぱら新羅を通じて間接的に新羅国の名において唐と交渉していたのである。

その大欽茂が没したことは、桓武朝にとって渤海と新しい関係が生まれるということである。同年二月二六日、征夷副使の近衛少将坂上田村麻呂《さかのうえのたむらまろ》が天皇に辞見（暇《いとま》乞い）したとあるが、どこに行ったのか明らかでない（『紀略』）。

一〇月丙午に日蝕があったとある。丙午の日蝕は「大蟲螟蝗興、主貪暴、民流亡」であるという。大蟲《おおむし》や蝗《いなご》のたぐいが大いに出てきて、主は貪婪《どんらん》にして暴力的なので民は流亡《りゅうぼう》するという意味である。

この年、延暦一二年は、平安京に遷都することが決まった年でもある。平城京から長岡京に遷都して一〇年に満たないのに、再び平安京に遷都することは国民の負担が重く、桓武朝の政策を怨む国民が多かったことが、この条で暗示されている。

●なぜ桓武は世論を押し切ってまで、あえて平安京を定めたのか

桓武は世論を押し切って遷都を強行した。その理由は何だったのだろうか。

遷都が決定する前年の延暦一一（七九二）年七月には、彦昇が中国東北部から凱旋した。この戦勝によって桓武は対外的に愁眉を開き、唐との交渉の端緒をつかんだと思った。

平安京（山背国葛野《かどの》）は長岡京の東北に位置するが、南に向かって開けた地形なので平城京への交通の便も良い。桂川を下れば淀川に出て難波から瀬戸内に出られる。さらに東は、山一つ越えれば琵琶湖に出られる。琵琶湖が古来より、中国東北部と日本を結ぶ日本海側の重要な交通ルートであることはいうまでもない。

つまり平安京は、長岡京よりも海外との交渉を意識した都なのである。彦昇の勝利で自信を持った桓武が平安遷都を決めた最大の理由は、海外との利便性を優先したことにあったと推測される。

平安京がそれ以前の京と違って一〇〇〇年近く首都であり続けた理由は、桓武朝以後、まがりなりにも男系によって天皇の血統が繋がったからではないだろうか。さらに中国による束縛からも次第に離れ、国内の脅威も首都を変えるほどには至らなかったせいと考えられる。

「万世一系」をいうならば、平安京時代以後においてのみ成立するのである。

大陸では翌延暦一三(七九四・貞元一〇)年一月、吐蕃と回鶻が北庭(トルファン付近)で戦い、吐蕃は雲南(南詔)に助兵を求めた。ところが雲南王は吐蕃を裏切り、数万の兵を率いて昼夜兼行して吐蕃と戦い、吐蕃に大勝した。この頃アジアでは、吐蕃と回鶻の間に雲南勢力が加わり、三つ巴の戦いを繰り広げていた(『通鑑』)。このように東アジアは激動の時代にあり、日本も平安遷都時代にはその渦中にあったのである。

●民意は桓武朝から離れていた

同じ延暦一三年一月一日、征夷大将軍大伴弟麻呂は節刀を下賜されたとある(『紀略』)。

遷都には理由がある

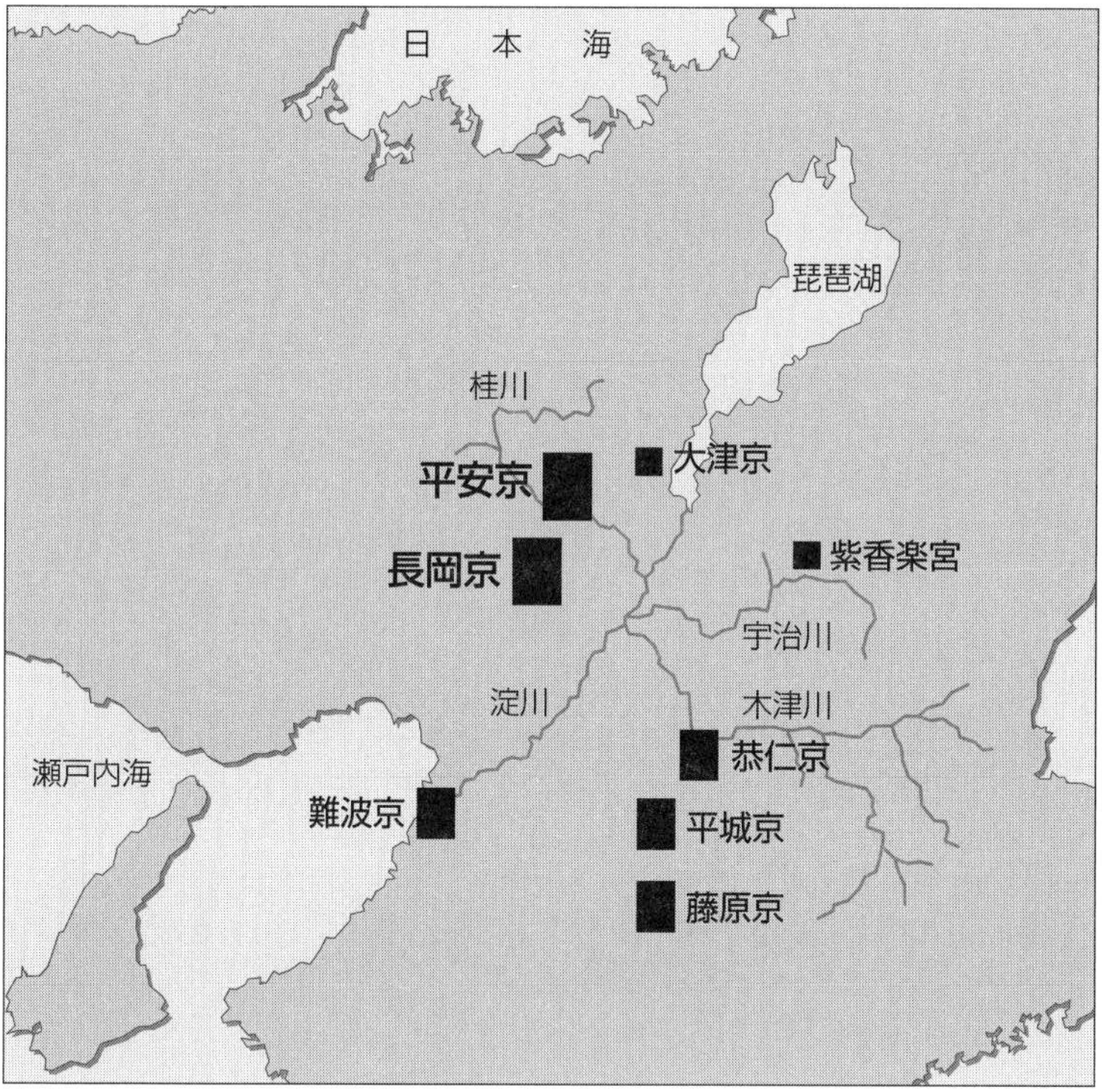

793年、桓武は平安京遷都を決断する。
平城京から長岡京へ遷都して10年もしないうちに、
なぜまた新たな都を造営したのか。
その答えは平安京の地勢にある。
平安京は「海外へ目を向けた」都だった。

しかし、どこに行ったのか明らかにしていない。続いて一月九日の『紀略』に「雉《きじ》が主鷹《しゆよう》司《し》（鷹狩りなどを司る官職）の垣の上に集まった」とあることから、およその見当はつく。趙王倫《ちようおうりん》が晋を簒奪したのが恵帝永寧元（三〇一）年だが、東堂に雉が集まったという。東堂は朝政を聞く大事な場所で、この場所に雉が集うのは、趙王倫がその地位にいるべきでないのに不当にいるからであるという（『晋書』五行中）。

前年正月、桓武は遷都のため内裏を解体するので東院に遷御《せんぎよ》した。その東院と『晋書』の東堂が響きあうし、「主鷹司の垣の上」とあるが、鷹は桓武が特に好んだ鷹狩りで、この場合、桓武を暗示している。国民は桓武を内心、簒奪者と思っていたのである。そのように思っている上に遷都を繰り返し、蝦夷征伐と称して外征をして国民に負担がかかる。けして民意は桓武朝になかったのである。

ところで大伴弟麻呂は同年、延暦一三年一〇月に凱旋し、斬首四五七首、捕虜一五〇人などの成果を挙げたとあるが、たいてい族長の捕虜は叙位して懐柔するものなのに捕虜の名も叙位もない。その上、弟麻呂がどこに行って戦ったかも記載されていない。やはり弟麻呂は日本以外の場所、つまり中国の東北部に遠征したとしか考えられないのである。

同年四月一日癸卯に日蝕があったとある。癸卯の日蝕は「羣翔禽入国、外伐内、主危亡」である。鳥の群れが国に入り込み、外国がわが国を征伐し、国王は存亡の危機に瀕しているという意味である。日本はこの時期、外国勢に攻められる立場ではなく、外征をしているくらいである。もし渤海が史書を残していたら、同じことを記しただろう。渤海が滅びると、多くの渤海を形成していた人々が日本に亡命してきた。その亡命者が書き残した文ではないかと疑うくらいである。

大欽茂の皇太子は早く没し、弟の元義《げんぎ》が即位したが、猜疑《さいぎ》心が強く多くの国人を殺したので、国人はこの年、七九四（延暦一三）年に殺してしまった。次に早逝した皇太子の子華瑜《かゆ》を即位させて中興《ちゅうこう》と改元した。そして大欽茂時代に東京龍原府だった首都を上京《じょうけい》（渤海の北・黒竜江省寧安）に移した。

おそらく日本の影響が強い東京龍原府から去ろうとしてのことではないだろうか。しかしすぐに彼は死んだので、成王と諡名したという。そして大欽茂の晩年の子の嵩鄰《すうりん》を立て正暦という元号に決めた（『新』・北狄）。このような混乱が渤海において七九四年中におきた。

そして同延暦一三年六月に、征夷副将軍の坂上田村麻呂以下の者が蝦夷を征討した（『紀略』）とある。田村麻呂らは前年二月に出発しているが、どこに行ったのか、あるいはこの六月に帰国したのか、節刀の受け渡しも記録されていないので明らかでない。

しかしこれだけはいえる。大嵩鄰が渤海国王になってから急激に渤海と桓武朝の関係は親密になった。桓武朝は新羅だけではなく、渤海を通じても唐と連絡できるようになったのである。

おそらく田村麻呂が先に渤海に行って、渤海の国人の擁立した成王ではなく親日の嵩鄰を即位させようと説得した。だが、国人が聞かなかったので大伴弟麻呂が一月に軍勢を率いて渤海に入り、四月の癸卯の日蝕の記載のある頃、成王を殺して嵩鄰を即位させたのではないだろうか。

先に述べたように弟麻呂は一〇月に帰国、翌延暦一四年一月に節刀を返却している。つまり桓武朝の後ろ盾があって嵩鄰は渤海王になれたと私は考えている。朝廷が武力を使ってまで嵩鄰を即位させた理由は、ひとえに大欽茂の時代には途絶えていた日本からの遣唐使派遣の仲介を取ってもらうためだった。

●「天意にそぐわない」桓武の行為

嵩鄰即位の翌七九五（貞元一一・延暦一四）年二月に唐は渤海王、大嵩鄰を冊封した。

『紀略』の同年七月一六日条に、朝廷は唐人ら五人に官を授けたとある。もって遠蕃人を優遇するためであるという。ここでは「唐人」と「遠い場所の蕃人」が同じ人物になって矛盾している。私の考えでは、この唐人とは遠い夷狄の国の渤海に住んでいた唐人なので、遠蕃と称したのだろう。彼らは日本朝廷が意図する大嵩鄰擁立に尽力したため、日本の官人になって日本に土着することになったのかも知れない。この頃、日本などの東夷の国を唐では東蕃と称しているから、それに倣《なら》って遠蕃としたのだろう。

同延暦一四年一一月三日、出羽国から渤海国使呂定琳《ろていりん》らが夷地（蝦夷の支配する地）の志理波村《しりはむら》（秋田県能代市あたりか）に漂着し、（おそらく蝦夷から）襲撃を受けたと報告があった。早速、大嵩鄰の派遣した渤海使が来日したのである。土地の蝦夷たちには朝廷が渤海と和親政策に転換しようとしているという情報が届いていなかったのだろう。

朝廷からは生存している人々を越後に移し、休養させるよう勅命があった。しかし翌延暦一五（七九六）年の朝賀に呂定琳らを参加させることはしていない。渤海王の大嵩鄰はすでに唐国に冊封されているから、日本が擁立したといっても渤海使は唐側として来日したのかも知れない。桓武朝はここで、ときをおいて情報収集をしていたらしい。

四月二七日になって渤海使が方物（土産品）と大嵩鄰の啓《けい》（手紙）を差し出した。内容は大欽茂の死の報告と、国法も領域も先代と変わらないこと、日本と渤海は大海が隔てているが親交したい気持ちは変わらないことなどで、日本との親交を求めるものだった。また在唐学問僧の永忠が朝廷にあてた書簡もことづかっていた。永忠はかつて唐僧の恵果《えか》を通じて光仁と代宗の間を取り持った僧侶である。内容は記してないが、四月一五日条に雹《ひょう》が降ったとあるので、大体の見当はつく。時節でないときに雹が降るのは、王が天意に沿わない行為をした場合である（『漢書』五行志）。天意に沿わない桓武の行為とは何か。それを次に述べよう。

●日本は唐に黄金を貢ぐ

五月一七日に呂定琳らが帰国することになった。桓武は渤海王に璽書を贈っている。儀礼的な部分は省略するが、気になるのは「又先王不愍、無終遐寿、聞之惻然、情不能止」という条である。「先王は天寿を全うすることなく亡くなられたことを聞いてその死を悼み、悲しみを止めることができない」というのである。

先王といえば数カ月、即位していた元義や成王も入るように思われるが、朝廷としては承認した渤海王ではないから、大欽茂のことである。しかし大欽茂は半世紀以上在位したのだから天寿を全うしないとはいえないと思うが、それでも結局、殺害されての死だったのだろうか。もしそうだとすれば、弟の元義が渤海を簒奪するために大欽茂を殺し、それを許せない国人が元義を殺したのだろう。このように国に内紛があると外国の介入を受けやすい。私の思うように田村麻呂や大伴弟麻呂が渤海の内政に介入できたのは、このような渤海の内情にあったようだ。

朝廷は呂定琳の帰国に際して、絹・糸・綿など、もっぱら布類の贈物をした。さらに太政官（日本の官職だが、当時の太政官が誰であったか不明）の書を永忠に渡すよう託した。そして太政官の書とともに砂金三〇〇両を永忠に届けるよう呂定琳に頼んだとある。当時でも渤海に贈った絹などの布と砂金三〇〇両との差は具体的にいえないが、比較にならないほど金に価値がある。日本では唐国以外に金を贈った例は私のみるところ皆無である。

光仁朝の末期、光仁朝が遣唐使の派遣を求めて永忠を介して代宗に黄金を贈って成功したが、同じ試みを桓武はしたのである。四月一五日条の雹の記述は、「黄金を贈って唐の意を迎えようとする桓武の行為は天意に沿わない」という意味だったのである。

八月己未朔に日蝕があったとある。己未の日蝕は「失名主」とあり、国主が名声を失うという意味である。続いて大和国で山が崩れ、洪水が発生した。東大寺の垣が壊れたとある。この条からみて、かつての平城京を中心にして大和地方に反桓武の世論が高まっていたことを感じさせる。

一〇月二日、呂定琳ら渤海使者を送って渤海に行った御長真人広岳《みながのまひとひろたけ》らが大嵩鄰の返書を持って帰国した。それは国交が回復したことに対する丁重な礼と、呂定琳らが無事帰国したことに感謝するという文面だった。それから唐国に渤海王として冊封された報告をし、渤海国王に任じた証拠に唐が下した金印紫綬《きんいんしじゅ》は国外まで輝いていると宣伝している。そして大嵩鄰の代になっても日本と使節の往来を旧来のように認めるよう求めている。

ただし、船の使人の定員を二〇人以下にすることを今後も守ると約束し、その判断を来年の秋までに知らせて欲しいと要求している。大嵩鄰は送渤海使の御長真人広岳に帰国の際、渤海使者を同道させて欲しいとたのんだが、広岳は朝廷の承認がないので辞退したとのことだった。土産物を日本使者に持たせるが、鄙《ひな》びた恥ずかしいものですとあったが、それは謙遜だけではなさそうである。

先に述べたように、渤海は周辺の異民族から国を守るのに契丹の傭兵を使っていたから、それだけでも莫大な費用がかかる。また唐も末期に近づき、経済的にも逼迫していたから、渤海の朝貢に莫大な下賜品を与えるわけにはいかなくなっていた。具体的に渤海の土産物がどのような品なのか記載がないので分からない。かつては人参《にんじん》や貂《てん》などだったが、そのような品だろう。

逆に日本は陸奥で採れる金だろうか。光仁朝も桓武朝も、唐と交渉するときは必ず莫大な黄金を貢いでいる。朝廷は東北を狄俘から死守しようと懸命になっているが、あるいは狄俘、つまり吐蕃が狙っていたのも陸奥の黄金だったのかも知れない。

ところで大嵩鄰の母親は日本と関係する人だったのか、嵩鄰は熱心に日本の後ろ楯を願って極力へりくだっている。それがいたく日本の朝廷を満足させた。今まで渤海王の書簡は無礼で不遜だったが、このたびの大嵩鄰の書簡は礼儀に適い、誠意があるとして、群臣たちは「桓武天皇の聡明で立派な治世は遠方の国を帰服させる。このような朝廷に出仕する我々は望外な慶事に接することができ、喜びに堪えません」と上表した。これは『紀略』にみえる讖緯説的意味とあまりにかけ離れているではないか。

●乏しい人材と独裁政権

この頃の朝廷の人材は右大臣の藤原継縄《つぐただ》や、対阿弖利為《アテルイ》戦の大将で阿弖利為に大敗した大納言の紀古佐美など、桓武の取り巻き連のみで骨のある人材はいなかったようだ。桓武朝は独裁政権であり、それは桓武が没するまで続く。しかしこの頃、東北の夷狄に攻められる一方だった桓武朝が外征に転じると、一変して東北を回復し、渤海を支配下に置くことができた。桓武天皇は自信を持ったようだ。

しかしそれは田村麻呂が東北地方で蝦夷を朝廷側の軍勢として訓練して、中国東北部に投入し、その軍勢を新羅の彦昇《げんしよう》こと安殿《あて》親王が指揮して吐蕃勢が南下しないよう防いだおかげだったのである。

この時代の渤海は、日本と良好な国交がある場合は貿易を兼ねて唐との間を取り持つ存在であり、悪くなれば唐側のスパイとして警戒しなければならない国になっていた。しかも日本にとって財政的にも軍事的にも頼りにできる国ではなくなっていた。

●「外来系の桓武は天皇にふさわしくない」という暗示

渤海使呂定琳らが来日し帰国した延暦一五（七九六）年一〇月、近衛少将従四位下坂上田村麻呂は鎮守将軍として全軍を束ねることになった。一一月には陸奥の伊治城《これはる》（宮城県栗原市）と玉造《たまつくり》塞（宮城県大崎市名生館遺跡か）の間が三五里もあるので中間に駅家を置いて、急事に備えることにした。そして相模・上総・常陸・上野・下野・出羽・越後など主に関東地方の民を伊治城周辺に移住させた。

七年前までは多賀城すら持ちこたえられないようなありさまだった朝廷の勢力圏が、その後、東北で朝廷軍が夷狄と戦った様子はないのに、伊治城周辺の奥地に広がっていることが分かる。このことをみても、唐国圏内で吐蕃が勢力を失ったことが東北に影響していることが証明されよう。つまり桓武が安殿皇太子を新羅軍の名において遠征させた効果が具体的に現われた証拠といえる。

また、朝廷は盛んに狄俘に叙位をして懐柔しているところをみると当時、狄は陸続と朝廷側に降《くだ》っていたようだ。

この年、七九六年は新羅では元聖王一二年だが、四月に彦昇が侍中から兵部令《ひょうぶれい》になったとある。兵部令とは法興王三（五一六）年に初めて置かれた職官（『史記』雑志七）で、現在の軍の総司令官のような役目と思われる。

翌七九七（貞元一三・延暦一六）年一月、形勢不利になった吐蕃の賛晋《さんしん》（部族長）が徳宗に和平を乞うてきたが、徳宗は積年にわたる数々の吐蕃の背信行為と違約に懲りていたから、表状を受け取らず使者を帰した。そこで五月一七日に吐蕃は剣南山と馬嶺《ばれい》の二カ所（不明）の道を開いて台登《たいとう》城（不明）を攻めたが、東蕃を率いた嶲州《しゅんしゅう》刺史の曹高任《そうこうにん》によって大敗し、三〇〇人が殺され莫大な戦利品を失ったという（『旧』・吐蕃下）。

先に述べたように、東蕃とは靺鞨や契丹など中国東北部の土着民をいうが、唐より東の国として新羅や日本人も東蕃のうちに含まれる。日本では同延暦一六年五月九日に、雉が前庭に集まる怪異があったので宮中と東宮で『金剛般若経《こんごうはんにゃ》』を転読（経本を流し読む）したとある（『紀略』）。雉が集まる怪異は、その資格のない簒奪者が王になっている場合におきる現象である。ここに「東宮で経を転読した」とあるのが気になる。むろん東宮とはこの場合、安殿皇太子の住まいである。『金剛般若経』とは、金剛のように強い意志で煩悩を断つという意味で、その題からして死者を弔《とむら》う経ではない。

新羅の兵部令になった彦昇は、先に述べたように私見では安殿皇太子だから、安殿皇太子は新羅からの援軍として、曹高任の率いる東蕃の将として対吐蕃戦に加わっていたのではないか。そこで朝廷は安殿皇太子の戦勝を祈願したのだろう。

このときの雉の讖緯説的記載と、『金剛般若経』を転読したとあるのは他の史料にはみえず、『紀略』にしかない。『紀略』としては朝廷が『金剛般若経』を転読した事実を記載するにあたって、その理由として雉の怪異を載せたのだろう。編者不明の『紀略』は暗に、天皇になるべきではない外来系の桓武が即位したので、このような国際戦争に巻き込まれるといいたかったのではないか。

●「寺院の二つの塔が攻撃し合う」とは？

この年二月、従四位下右大弁の藤原葛野麻呂《かどのまろ》が春宮《とうぐう》大夫に就任している。葛野麻呂は桓武朝の最晩年、遣唐大使として入唐し、空海《くうかい》とも親密な関係にあった人だが、生涯を通じて安殿皇太子に忠誠を尽くした人でもあった。葛野麻呂は後に遣唐大使に任じられていることからみて、国際関係の事情に通じていたとみられるから、このとき、あるいは安殿皇太子に従って従軍していたのかも知れない。

新羅では翌元聖王一四（七九八・延暦一七）年三月条の「羅紀」に、望徳寺《ぼうとく》の塔が倒れて攻撃し合ったとある。望徳寺（慶州市）は孝昭王（即位六九二～七〇二没）が唐王室の福を願って建立された寺で、「安禄山の乱」のときもこのようなことがあったという（『三国遺事』巻五）。ただし同じ『三国遺事』の巻二には文武王（後の文武天皇）の建立した寺院であるという。

いずれにしても望徳寺は天武系の両塔伽藍寺院である。東塔は日本を、西塔は新羅を表わす（拙著『薬師寺発願考』）。その東塔と西塔が攻撃し合うということは、日本と新羅の間で軋轢《あつれき》があったという暗示である。具体的内容は分からないが、元聖王は同年一二月に没し、遺言により火葬されたという。僧侶でもない、まして国王の火葬は異様である。何か事件があっての死と思われるが不明である。

元聖王の次に即位した新羅王は元聖王のすでに没した太子の子で、元聖王には孫にあたる昭聖《しょうせい》王だが、早くから元聖王は太子と定め宮中で養育していたというから、簒奪者が即位したわけではない。

ただし桓武は不満だったとみえ、翌延暦一八（七九九）年は昭聖王元年だが、四月に新羅に行くことになっていた新羅使派遣を五月二九日に中止している。

六月二七日には僧三〇〇人と沙弥《しゃみ》（在俗の信者）五〇人を内裏・東宮・朝堂院に呼んで、『大般若経』を奉読させたとある。ここに東宮もある。桓武朝は昭聖王即位に反対だったから、昭聖王を廃位するために翌八〇〇年四月までに安殿皇太子を新羅に行かせている。

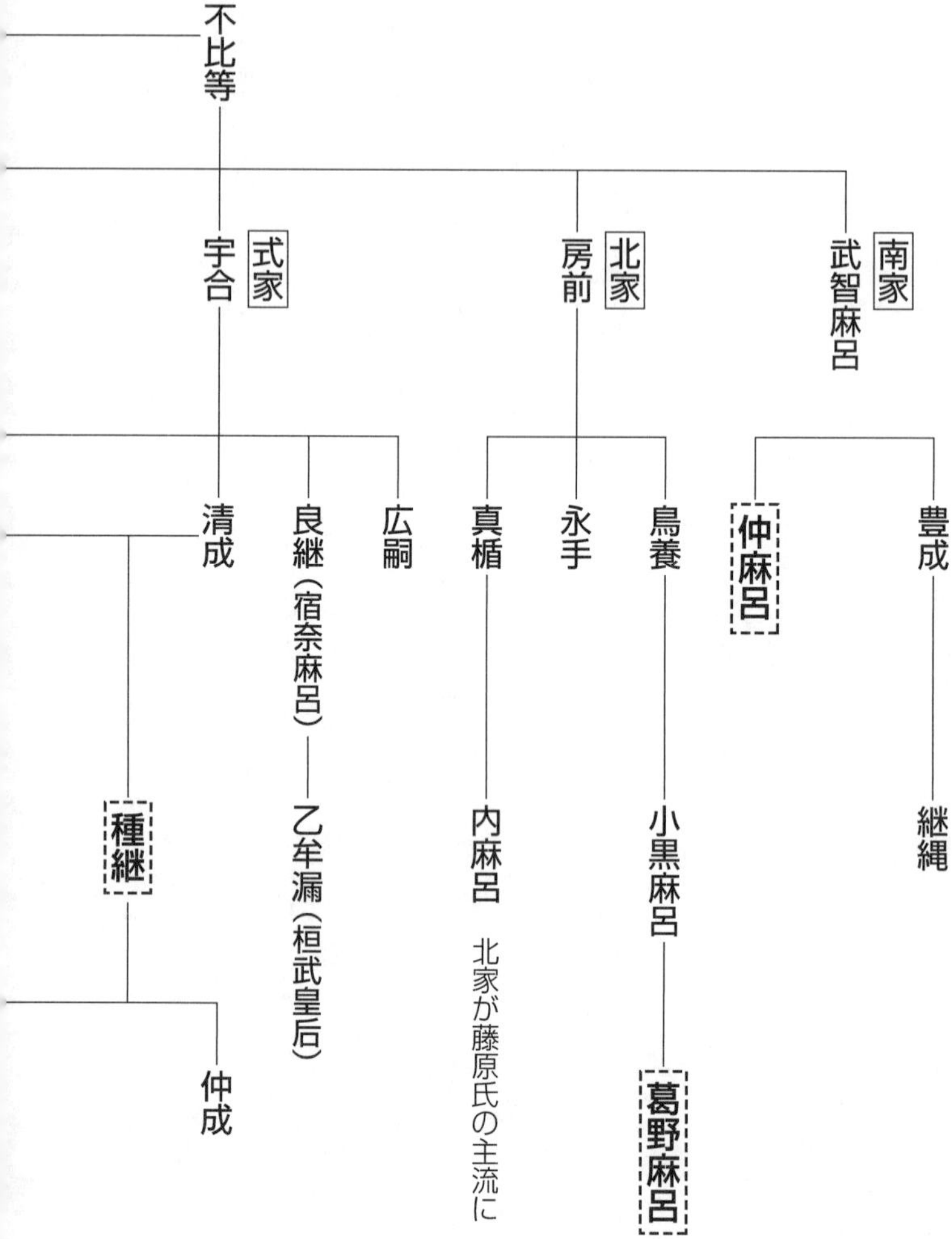

不比等
式家
宇合
北家
房前
南家
武智麻呂
清成
良継(宿奈麻呂)
広嗣
真楯
永手
鳥養
仲麻呂
豊成
種継
乙牟漏(桓武皇后)
内麻呂
北家が藤原氏の主流に
小黒麻呂
継縄
仲成
葛野麻呂

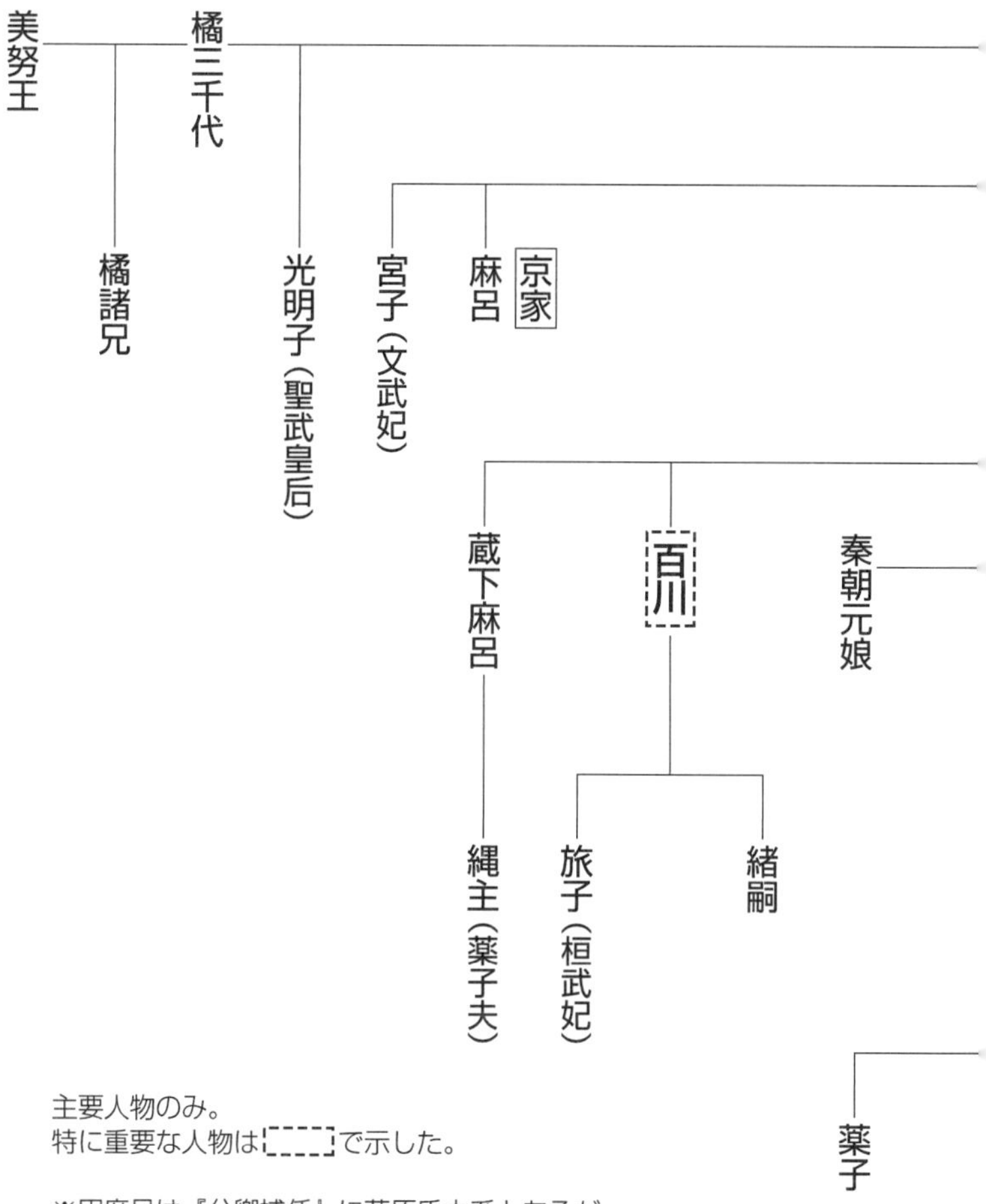

主要人物のみ。
特に重要な人物は[破線枠]で示した。

※田麻呂は『公卿補任』に藤原氏本系とあるが、
系図（『尊卑分脈』）には見えない。

藤原氏系図

安殿の新羅での工作の成功を祈願して、この時期『大般若経』を奉読させたのだろう。

昭聖王は唐からも相手にされなかったらしく、同昭聖王元（七九九）年七月に九尺もある朝鮮人参を献上したが、徳宗は人参ではないと受け取らなかった。ただし『唐会要』（巻九五）には翌八〇〇（延暦一九）年に新羅王に冊封されたとあるが、昭聖王が没したので冊封の璽書は昭聖王の生存中には届かなかったという。「羅紀」には同八〇〇年四月、暴風が吹いて木が折れたという讖緯説的には不穏な記述があって、六月に太子を立て昭聖王が没したとある。『紀略』には同（延暦一九）年同月「戊辰朔、日蝕」とある。戊辰の日蝕は「有殃主后死、天下諒闇」と国王や皇后が横死《おうし》し、天下は諒闇《りようあん》（喪に服すこと）になるという意味である。『紀略』の記述はむろん新羅の昭聖王の死を意味し、『紀略』が記載しているところをみると日本が係っていたことは間違いない。

昭聖王が没してすぐに昭聖王の太子、哀荘王が即位した。このとき哀荘王の摂政となったのが、兵部令の彦昇こと私見では安殿皇太子だった。哀荘王は明らかに彦昇に擁立された新羅王だったのである。哀荘王が即位してから再び日本との国交が回復していることをもってしても、哀荘王即位には桓武朝の意向が強く働いていたことは間違いない。哀荘王即位に唐は係っていなかったらしく、五年後の八〇五年、哀荘王六年二月になってようやく哀荘王を新羅王に冊封した（『旧』・本紀）。

●怖ろしい結末が待っていた

延暦一五（七九六）年一〇月に渤海送使の御長真人広岳が帰国してから、渤海から何の音沙汰のないのを気にしてか、桓武は一年半後の延暦一七（七九八）年四月、内蔵宿禰賀《くらのすくねか》茂麻呂《もまろ》らを渤海使に任命し、渤海に行くことにさせた。賀茂麻呂らは五月一九日に渤海国王への天皇の璽書を奉じて日本を後にした。

璽書の内容は大嵩鄰の即位以後、両国の関係が好ましい状態になったことを喜び、渡航間隔は毎年とするには小船では遭難の危険があるので、六年間に一度としたいと渤海に申し入れている。このような提案からみても、船の提供は専ら日本だったことが分かる。そして桓武天皇にとって最も重要な目的は、永忠に砂金が届いたかどうかを確かめることだった。そのための賀茂麻呂の渤海国への派遣だったと思う。砂金を永忠にことづけたが、その後、渤海からは何の知らせもなかったのである。

ようやく同年一二月に慰軍《いぐん》大将軍の大昌泰《だいしょうたい》らを大使として渤海国が送使してきた。この時の渤海大使が文官ではなく武人であることが気になる。確かに渤海には日本に対して後ろ暗い事実があるので、万が一に備えて武官を大使にしたらしい。大嵩鄰の桓武への親書には、賀茂麻呂らから天皇の璽書と絹・糸・綿百屯などを数量通り受け取ったこと、六年に一度の使節派遣は間隔が開きすぎるので、もっと短くして欲しいなどとあった。

翌延暦一八（七九九）年一月の朝賀には大昌泰ら渤海使も参列した。四月一五日に渤海使者が帰国することになり、大昌泰らは天皇の璽書を預かった。璽書には遣唐使の往来を六年に一度というのは間隔があり過ぎるという大嵩璘の申請は拒絶しない、年限を限る必要はない、と渤海に譲歩している。遣渤海送使には滋野船代《しげのふなしろ》らを任じた。桓武はこの頃、新羅で昭聖王が即位したのが不満で、五月には遣新羅使を送るのを取りやめているくらいだから、渤海との親交に最も熱意を注いでいたのである。

七月には早良皇太子を崇道《すどう》天皇とし、井上《いがみ》内親王を皇后に戻し、淡路の山陵に陰陽師や僧侶を派遣して両者の魂を鎮め謝罪した。桓武は渤海を通じて、もたらされるはずの唐国の日本王承認のため、あらゆる手を尽くし、文字通り首を長くして待っていたのである。

しかしそれは怖ろしい結末となった。

確かに滋野船代らは、同年九月二〇日に渤海国王大嵩璘からの親書を預かって帰国した。それには土産物の礼と共に、「近頃、唐から特別に使者が渤海に派遣され、徳宗から大嵩璘を殊《こと》に優愛していると伝えてきた。このように私こと嵩璘は唐に庇護を蒙《こうむ》っている」と自慢し、「このたびは期限が来ていないので渤海の送使は送らない」とあった。

おそらく桓武は愕然としただろう。なぜなら、桓武が桓武承認のために永忠を仲介者として唐に贈るつもりだった砂金については一言もなく、渤海への唐国の厚遇のみを記載しているからだ。このことは、大嵩鄰が渤海からの贈物として徳宗に砂金を贈った可能性があるからである。

朝廷が永忠にことづけて、恵果を通じて徳宗に贈ろうとした砂金が、いつの間に渤海国が唐に献上したことになったのか、その推移は明らかでない。しかしこの事実は動かせない。渤海からの贈物として砂金を受け取った徳宗は、応分の返礼として特に使者を渤海に送って大嵩鄰を優遇したと思われるからである。私の予想はそうで、おそらく桓武もそう推察したと思う。

はっきりいって、永忠に渡すはずだった朝廷からの砂金を渤海が横領したのである。大嵩鄰は砂金のことで結局、日本とは国交断絶になるだろう。それよりも唐の庇護さえあればよいと、自分から日本との国交を断絶してきたのだ。この後、桓武の死後まで日本と渤海の国交は中断したのである。

こうなれば桓武天皇としては新羅路を確保するしかない。そこで先に述べたように、翌延暦一九（八〇〇）年六月、安殿皇太子（彦昇）は昭聖王を殺し、哀荘王を擁立して新羅の実権を握ったのである。

第四章　坂上田村麻呂《さかのうえのたむらまろ》と清水寺《きよみずでら》

●「桜」を「梅」に代えた理由

唐を金銭で籠絡《ろうらく》するのは日本が遠方にあるだけ、邪魔が入ってやりにくい。そこで桓武は再び武力で唐を救援することを考えた。しかし、たびたび述べているように徳宗は桓武朝を認めていないから、日本国として海外に出兵するわけにはいかない。

そこで延暦一九（八〇〇）年一一月に、「征夷大将軍近衛中将陸奥出羽按察使従四位上兼行陸奥鎮守将軍」の坂上田村麻呂を派遣して、諸国の夷俘《いふ》（『類聚国史』では「俘囚」）を調べ監督（検校《けんぎょう》）させることにしたとある。この長い官職は東北の軍事に関する全権を田村麻呂に一任しているのを示すものだろう。再三述べているように徳宗は日本の軍勢の参入を許さないから、田村麻呂は東北の夷俘を軍隊として編成し、中国東北部で唐側の新羅勢として戦う彦昇《げんしょう》に引き渡し、唐の対吐蕃戦に新羅兵として参加させたと考えられる。

先年の七九九（貞元一五）年暮から吐蕃が再び蜂起し、五万の兵を率いて唐側の南詔（雲南）を攻め、唐将の韋皐《いこう》が迎え撃つという戦いがおきた。これを桓武は好機と捉え、田村麻呂を東北に派遣したのだろう。その後、吐蕃と韋皋の率いる南詔との戦いが塩州《えんしゅう》（現在の寧夏回族自治区銀川市の南東）を中心に一進一退、一年以上続くのだが（『通鑑』）、翌八〇〇（貞元一六）年六月頃から唐側が優勢になってくる（『旧』・吐蕃下）。この六月は新羅で彦昇（安殿《あて》）が昭聖王を殺し、新羅の実権を握った月である。新羅の全権を握った彦昇が誰に遠慮することもなく、その足で唐国の対吐蕃戦に参加したと思われる。

翌延暦二〇（八〇一）年一月四日、朝廷で宴があったが、そのとき、たまたま雪が降った。桓武天皇は次のような歌を詠んだという（『紀略』）。

梅の花恋いつつおれば降る雪を花かも散ると思いつるかも

梅の花を恋しく思っていると、降る雪さえ梅の花びらが散るようにみえる、というのである。

平城京から長岡京に遷都するとき、桓武はあえて正殿の梅の木を桜に代えたのではなかったか。ここで梅の花に執着する歌を詠んでいるのは、明らかに桓武は考えを一八〇度、転換し、梅で象徴される唐の承認を得たいと切望している証拠である。

同年二月一四日には田村麻呂は節刀を賜った。いよいよ田村麻呂は東北に出発することになったのである。しかし、ここで注意しなければならないのは田村麻呂が諸国の俘囚を検校するとあるだけで、征伐するとは出ていないことだ。先に述べたように田村麻呂が東北地方へ行くのは蝦夷を征伐するためではなく、軍勢を整えるためである。

●「赤ひげの大男」の正体

その頃（貞元一七年）、中国では吐蕃によって塩州一帯を侵略、掠奪され、七月に捕虜になった僧侶らが吐蕃のテントに連行された。その場所に身長六尺を超える、赤ひげで大きな目をした青年がいた。その青年は捕虜を縛っていた縄を解かせ、次のような話をしたという。

「自分は英国公（李勣《りせき》）の五代《ママ》（実際は六代）の子孫だが、高祖父（祖父の祖父をいう。この場合、李勣の孫の李敬業《けいぎょう》をいう）の時代、則天武氏に謀反をおこし、子孫は流浪の身になった。今三代にわたって吐蕃の将軍になっている。しかし本心では祖国を忘れたことはないが、親族が多く吐蕃に住んでいるので自由にするわけにはいかない。この地は唐国との国境に近いので、あなた方は唐国に無事に帰国ができるだろう」といい、数千人の唐人の捕虜を解放したという（『旧』・吐蕃下・列伝李勣）。

李勣といえば六六八年に高句麗を滅ぼしたときの総大将だった人である。極めて謹厳にして賢明な老将で、高宗が厚く信頼を寄せていた人物である。吐蕃の若き将の祖先である李勣、その孫である李敬業が則天武氏の専横に謀反をおこし、一族は敬業とともに殺された。則天の子の中宗は敬業一族の名誉を回復させたが、すでに国内には子孫は残っていなかったという。青年は赤ひげとあるが、回鶻人には赤色の髪の人がいる。李勣の六代の子孫でも、吐蕃民族の中にいると雑多な民族の血が入るらしい。意外に吐蕃系民族も現在のチベット人と違って北方の血が混じっていたらしい。

ところで韋皐は同貞元一七（八〇一）年九月に吐蕃に大勝して斬首一万余級、捕虜六〇〇〇、三〇〇〇〇戸を降伏させたという（『通鑑』）。李勣の六代の子孫は敗戦したらしい。『紀略』の同延暦二〇（八〇一）年九月一七日条に田村麻呂は次のように言ったとある。

「臣聞。云々。討伏夷賊」

私は夷賊が征伐されたと聞きました、というのである。田村麻呂は夷賊が征伐されたと聞いたといっているのであって、自分が征伐したとはいっていない。この夷賊とは、韋皐が征伐した吐蕃を指しているのだ。しかし九月に韋皐が吐蕃に大勝して、九月一七日に田村麻呂の耳にその情報が入っているとしたら早すぎるが、その前から韋皐は攻勢に出ていたのか。

少なくとも一一月には唐軍勝利の情報は朝廷に入っていたらしい。同一一月七日になると、陸奥の蝦夷は歴代、反抗的で争乱をおこしているので田村麻呂が討伐するようにという桓武からの勅命があった。吐蕃の主流が弱体化したこの時期に東北の吐蕃側の夷狄を一挙に討伐しようというのが、朝廷の意図だったと思われる。しかし田村麻呂が征伐に動いた様子はない。

この年八月一〇日に藤原葛野麻呂が遣唐使に任命された。この時期、彦昇が新羅の実権を握ったばかりで、唐は桓武朝の遣唐使を受け入れる気配すらみえない。果たして葛野麻呂が実際に入唐するまで何年もかかるのだが、桓武朝は唐の対吐蕃戦の最中になんらかの手がかりをつかんだとみえる。

●坂上田村麻呂の命乞いもむなしく、阿弖利為《アテルイ》は殺された

翌八〇二（貞元一八・延暦二一）年一月には、韋皋が吐蕃の大首領にして大相（総大将にあたるか）の論莽熱《ろんもうねつ》を捕虜にして徳宗に献じた。論莽熱は朱泚《しゅせい》の謀反に参加して以来、報償が少ないことを理由に長年にわたって唐国に反抗しており、徳宗も許そうとしなかったが、このたびは釈放した。その理由の一つに路髄《ろずい》という人物の哀訴があった。

路髄の父親、泌《ひつ》は貞元三（七八七）年の吐蕃尚結賛《しょうけつさん》との「平涼の盟約」のとき、結賛のだまし討ちに遭い吐蕃に捕らえられ何年も拘束された人だった。泌は仏教徒だったので

吐蕃の賛晋（王）は殊に丁重に扱い、賓客の礼をもって遇した。このことをもって路髄は吐蕃に寛大な処置をするよう徳宗に身を賭して願い出たのである。それだけの理由ではないと思うが、このとき徳宗の唐と吐蕃は和解したのである。

日本では同年一月九日に田村麻呂に胆沢城（岩手県奥州市）を築城させることにし、一三日には越後の米と佐渡の塩を毎年、雄勝城（秋田県雄勝郡）に納めさせ鎮兵の食料とすることにした。

四月一五日に田村麻呂が「大墓公《おおもののきみ》阿弖利為《アテルイ》と盤具公《いわぐのきみ》母礼《モレ》が五〇〇人余の一族を連れて降伏してきた」と言上した。阿弖利為に「公」がついているところをみると、延暦八（七八九）年に紀古佐美《きのこさみ》軍に大勝したとき、叙位されて帰服の狄になっていたらしい。したがって改めて朝廷に帰属するために降伏したのであって、田村麻呂は阿弖利為と一戦も交えていないのである。阿弖利為としては田村麻呂に説得されたこともあろうが、一月に吐蕃の大相論莽熱が唐に降伏し、赦免されたという情報も入って朝廷に降伏することを決めたとみる。田村麻呂もそのつもりで彼らを入京させたと思う。

このあたりで『紀略』はさかんに讖緯的記述をしている。七月一日条には「大和国で頭が二つ、足が六つある小牛が生まれた」とある。このような動物の怪異は、常識にはない簒奪者が常識でないことをする場合の天の戒めとみられている。さらに一三日には「白鷺《しらさぎ》が朝堂院に集まった」とある。先に述べたように、鳥が集まるのは他国から来た簒奪者が王になった場合の怪異で、この場合、朝堂院は朝賀など朝廷の主要な行事に使われる場所だから、桓武を指していることは明らかだ。『紀略』の編者は、以下に述べる桓武の阿弖利為に対する処遇に非常な怒りを感じているようにみえる。

八月一三日に田村麻呂が、阿弖利為らを彼らの願い通りに元の地に返し、一族を朝廷側に手なずけた方がよいと命乞いしたが、公卿らは野性獣心の彼らを釈放したらまた朝廷の禍になるだろうと二人を殺してしまった。作者不明の『紀略』（一一世紀前半作）でも阿弖利為を殺したのを漠然と公卿にかぶせ、桓武の決断とはいっていない。当時、左大臣はおらず、藤原氏でもない影のうすい神王《みわおう》なる人が右大臣でいるだけだった。

「夷（敵）は夷（敵）をもって制する」というのは日本のみならず、世界史的にみても戦いの常套手段である。日本ではそのために、別に夷狄に下す「外位」という叙位まであるのではないか。特に阿弖利為は田村麻呂に抵抗することなく自ら下っている。なぜ、前代未聞の断罪に処したのか。

それは、対吐蕃戦に苦慮していた唐に対する桓武の示威運動だったと私は解釈するが、それにしても遅すぎた。桓武は唐の吐蕃との戦いに日本も貢献して、東北地方に侵入している吐蕃の首領を殺したことを徳宗の耳に入れ、桓武朝に好意を持たせたかったのである。しかし徳宗はすでにこの年一月、吐蕃の大首領論莽熱を無罪放免している。その情報はすでに朝廷に入っているはずだ。翌（八〇三）年五月、論莽熱は唐に使者を遣わして恭順の意を表わし、さらに翌八〇四（貞元二〇）年三月、吐蕃の賛普（可汗《かがん》）が死んだとき、徳宗は三日間にわたって廃朝したという（『旧』・吐蕃下）。つかの間、唐と吐蕃は平和な関係にあったのだ。

しかし桓武にはもう一つ、どうしても阿弖利為を殺さなければならないやむをえない事情があった。

●田村麻呂の日本人離れした風貌

同延暦二一（八〇二）年一一月甲寅朔の日、日蝕があったとある。甲寅の日蝕は「電撃殺人、骨肉争功」である。電撃殺人とは突然おきた殺人をいうのだろうが、骨肉、つまり肉親が功を争うというのはどういう意味なのだろうか。

このあたりで日本にも新羅にも唐にも、王クラスの人が殺害された様子はないから、阿弖利為が殺害されたことをいうのだろうか。ただし一一月は践祚《せんそ》大嘗祭の行なわれる月である。『日本後紀』は延暦一一年から淳和《じゅんな》天皇の天長九（八三二）年までの正史だが、故意か偶然か延暦一九（八〇〇）年一月から延暦二二（八〇三）年一二月まで記載がない。

この時期は『紀略』に拠《よ》るしかないのである。正史が記載していないだけに重大な事件が潜んでいるようである。

謎の手がかりとして清水寺《きよみず》の発願《ほつがん》から話を進めたい。

田村麻呂の血縁を辿《たど》ると、天平元年三月に外正六位下から外五位下に叙位された坂上大《おお》国《くに》が初代である。私見によれば天平聖武は、渤海の大武芸と藤原宇合が打倒長屋王のために画策し、中国東北部に取り残されていた文武天皇の遺子が神亀《じんき》聖武とすり替わって天皇になった人である。

天平聖武が即位した初年に大国が外位を叙位されているところをみると、彼はおそらく中国東北部から天平聖武に従って渤海から来日した外来系の人とするのが妥当だろう。大国の子の犬養《いぬかい》は天平八年、外従五位下に叙位されているから、この頃、大国は没したと思われる。犬養の子が苅田麻呂で、いうまでもなく桓武の忠臣である。苅田麻呂の子が田村麻呂だから、田村麻呂の高祖父が渤海から来たにしてもすでに何代も経ている。

ところが『清水寺縁起』などによると、田村麻呂はかなり異国風の風貌をしていたようだ。「目は蒼鷹《そうよう》の瞳、鬢髪《びんぱつ》は黄金の縷《る》」とある。蒼鷹とは白い鷹をいうそうだが、瞳がどんな色をしているのか私は知らない。縷とは糸で編んだ縄をいうから、もしかすると田村麻呂は、突厥や一部剃《そ》ってはいるが吐蕃のように、三つ編みにして髪をたらしていたのだ

坂上田村麻呂を彷彿とさせる姿

長身に白い肌、そして金髪——伝えられる田村麻呂の風貌は、東アジア人のそれではない。しかも髪は「縷」（糸で編んだ縄）というから、写真の不動明王像のように、三つ編みにしていたのかも知れない（顔の向かって右側）。

（不動明王像／不退寺蔵）

ろうか。

しかもその髪が金髪だったというのである。身長五尺八寸、胸板の厚さ一尺二寸、稀《まれ》にみる武芸者で力持ち、勇気は人を超え、怒れば猛獣をも倒すほどだが、笑えば幼児のように人なつこい。顔は紅を塗ったように赤く、春でもないのに桃の花の紅をしていたという。つまり肌が白かったのである。まさに紅毛人《こうもうじん》のたぐいではないか。突然変異にしても、とうてい東アジア人には見えなかっただろう。

●京都・清水寺は鎮魂の寺だった

田村麻呂は桓武に命じられて阿弖利為を朝廷に差し出したことを深く後悔したらしい。嵯峨《さが》天皇は平城天皇の次の天皇だが、田村麻呂に山地を下賜した。田村麻呂はその地に私寺を建立して「清水寺」と号した。現在、京都にある清水寺である。田村麻呂は清水寺を鎮護国家の庭にしたいと申し出て許され、田村麻呂の子孫がこの寺の職についたという。それが嵯峨天皇の弘仁元（八一〇）年のことである。

伝説としては僧の賢心《けんしん》という人が長年、修行していたが、ある日、金色の一筋の水が流れているのをみて、そのもとを辿っていくと清水の滝の下に出た。それが光仁朝の宝亀九（七七八）年のことだった。北岸の上に草庵があり、七〇歳ばかりの白衣・白髪の老人が

なぜ「清水寺」と命名されたのか

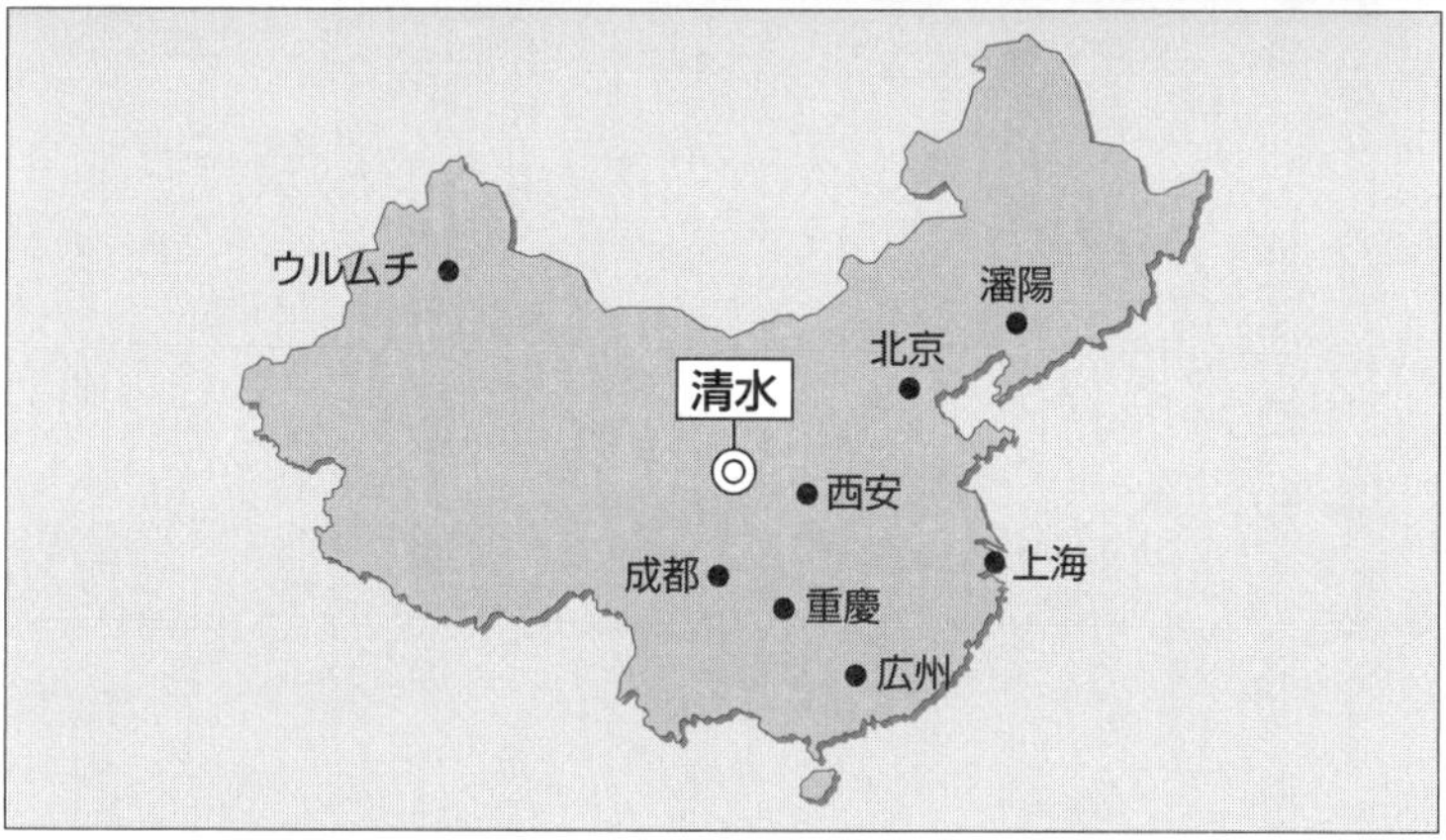

坂上田村麻呂が日本中にわき出る「清水」をあえてこの寺の名に冠したのは、吐蕃の将、阿弖利為を追悼するためだったのではないか。東北地方に侵攻し、朝廷軍と戦っていた阿弖利為は田村麻呂に降服する。だが田村麻呂の助命嘆願にもかかわらず朝廷によって処刑された。

かつて唐の徳宗は、長安西方の地（現在の甘粛省天水市。西安から約300キロ）で吐蕃と和平の盟約を交わした。この盟約は地名から「清水（せいすい）の盟約」と呼ばれ、唐と周辺民族の間で平和が保たれたことの象徴であり、「清水」は和睦の原点である。

田村麻呂はこの故事から、阿弖利為への深い思い入れを「清水寺」の名に込めたのだろう。

いて行叡《ぎようえい》と名乗り、「長年、汝を待っていたが、現われなかった。自分の代わりにこの草庵に住んで欲しい。そして観音像の材料の木があるから作って欲しい」といい終わると立ったまま亡くなってしまった。

賢心がこの草庵で修行して三年目の宝亀一一（七八〇）年、田村麻呂が洛陽（本文のまま）を出て狩猟に行き、妊婦（妻か）のために鹿を射止め、一休みして近くの川の水を飲むと、その水が銀河のように美しく冷たくて心身爽快になった。ところが水源がみえないのであちこち探していると、彼方から読経の声が聞こえた。声を目指して行くと清水の滝の下に出たという。そこで田村麻呂は草庵にいた賢心に出会い、仏殿を作ることを約束したとある。

かつて七八三（徳宗建中四・延暦二）年一月、唐と吐蕃は秦州の清水《せいすい》において和睦し、盟約した。中国全土は日本の八倍以上あり、はるかに広いが、日本のように全国いたるところに清水があるわけではなく、飲料水に適した清水の出る場所は限られている。清水という土地の名も日本には数多いが、中国の地図上ではここだけである。

なぜ田村麻呂は、日本のいたるところに出る清水を私寺の名称にしたのか。**私は、田村麻呂が桓武の真意を計りそこねたがゆえに、吐蕃の阿弖利為が殺されることになったので深く後悔し、阿弖利為の追悼のために建立したのが清水寺と考える。**吐蕃にとって清水は唐と和合の原点の地だったので、清水寺と名づけたのだろう。それだけではなく、田村麻呂の阿弖利為に対する深い思い入れには、田村麻呂の風貌などから想像して阿弖利為と母方を通じての血縁にあったのではないかと想像される。戦いが終わって対戦相手と講和する際、婚姻関係を結ぶのは普通のことだからである。

そういえば、武勇に勝《すぐ》れているといわれる田村麻呂が実戦に赴いたことは一度もない。東北を統治し、兵を集め、城を作ったが、戦いに勝って戦利品を持ち帰ったとか、狄俘を斬首したという記録が皆無なのである。我々が普通に考えている武将の田村麻呂と、実際に記録に残されている田村麻呂との間には乖離《かいり》があるのだ。

確かに父の苅田麻呂は桓武の忠臣だった。しかし桓武にとって田村麻呂はいささか物足りない男だっただろう。しかし我々現代人にとっては理想の人間像である。田村麻呂の時代、仏教が定着しつつあり、田村麻呂は仏教徒だった。現代の日本人は形の上とはいえ、仏教に深く馴染《なじ》んでいるので田村麻呂の行為が理解しやすいのである。

第五章　桓武朝の最後

●引き返してきた遣唐船

翌延暦二二（八〇三）年三月一八日、藤原葛野麻呂以下遣唐使たちは朝堂で拝朝した。同時に唐国の情報を得るため、新羅にも使者を派遣することにしたとある。二五日には神泉苑《しんせんえん》で一日を過ごし、安殿皇太子が諸親王を率いて舞いを舞った。二九日には遣唐大使の葛野麻呂と副使に餞《はなむけ》の宴を催したが、宴の様子はすべて漢法（中国風）だったという。

このようにことさら、今でいう舶来趣味を記述しているのは安殿が主導した宴会だったからだろう。酒宴がたけなわになると、天皇は葛野麻呂を自分の側ちかくの床下に招き、酒を賜った。葛野麻呂は感激のあまり、雨のように涙を流し、群臣らも泣かない者はいなかったという。

大使の葛野麻呂には桓武天皇の着用した着物と金二〇〇両、副使の石川道益《いしかわのみちます》には金一五〇両が下されたという。この金は私的な下賜品ではなく、遣唐船の費用や入唐したときの諸々の費用と思われる。この頃から安殿皇太子が朝廷の表に出た様子がみえる。

ということは、安殿が日本に定着し始め、新羅にはほとんど行かなくなっていたのだろう。このことが日本と新羅の哀荘王との間が離間し、哀荘王が日本に反抗する一つの原因になったのではないか。

四月二日に葛野麻呂らは節刀を賜い出発したが、二三日に葛野麻呂から連絡が入った。「四月一六日に難波津より出発したが、すぐに台風に遭い、溺れるものが数多く出たので渡海は中止する」というのである。そして五月二二日には葛野麻呂らは節刀を返還した。台風ぐらいで遣唐大使がいちいち節刀を返還していたら、遣唐船の往来は成立しない。葛野麻呂は遣唐船を攻撃するという情報に接して取りやめたと思われる。

遣唐船を攻撃したのは、おそらく新羅の哀荘王だろう。新羅には、葛野麻呂が出発する直前の三月に遣新羅使に任命された忌部浜成《いんべのはまなり》が行っているが、日本の遣唐船が新羅路を通るのを認めさせるための使いだったらしい。「羅紀」に同（哀荘王四）年七月、日本と修好し、よい関係を結んだとあるが、それは日本と遣唐船の通行に関する和議が成立したということである。

私見では、彦昇（安殿）が哀荘王を擁立して実権を握ったはずだが、哀荘王も即位して四年になると日本の彦昇（安殿）の専横が煩《わずら》わしく、新羅としての国粋主義が芽生えてきたのだろう。哀荘王は五年後の八〇九年に彦昇（安殿）に殺されるのだが、このとき遣唐船を攻撃したことが、哀荘王が殺された理由の一つと思われる。この事件があって以後の遣唐船は、太宰府や鹿児島から出港して直接、江南に行く南海路を採る場合が多くなる。大嵩鄰の事件以後、日本海から渤海に行く渤海路は国交が断絶していたので、このときの遣唐船は新羅の海岸沿いに唐国に入る海路を選んだようだ。

同年一二月条に、野生の狐が宮中で鳴いたとある。正史の記載のない時期だから、何か重大な秘密があるのだろうが、野生の狐が鳴くという場合の怪異の表現は中国にはないから、どういう意味なのか分からない。ただし日本では鎌足《かまたり》以来、藤原氏の暗躍を狐で表現する場合が多いので、藤原氏の誰かの画策を暗示しているのかも知れないが定かではない。

翌延暦二三（八〇四）年一月一日、武蔵の国から木連理《もくれんり》が見出されたと報告があった。先に述べたように、木連理とは木の元が同じで枝が末で合体することをいい、外国から降者があり一つの国になるという意味である（『論衡』指瑞五一）。この場合の意味を端的にいえば、新羅が新羅路を通る日本の遣唐船を妨害するならば、新羅征伐に踏み切るのを望むということである。その意味を込めて武蔵国は木連理の報告をしてきたのだ。

二八日には刑部卿陸奥出羽按察使従三位になった田村麻呂が征夷大将軍に任じられているが、ただし彼が東北に出発したわけではない。田村麻呂は阿弖利為の事件以後、本人自身の意志もあったのか、戦うために東北に派遣されたことは一度もない。ただし新羅との関係に暗雲がただよってきたから万が一の場合に備え、田村麻呂がいつでも出兵できるように征夷大将軍に任じたらしい。

●日本の黄金は何に使われたのか

延暦二三（八〇四）年三月二八日、遣唐大使葛野麻呂に二回目の節刀が授けられた。この遣唐船には最澄《さいちょう》と空海が乗船しており、空海は唐の役人との折衝において葛野麻呂の祐筆《ゆうひつ》（代理で書を書く人）も務めている。この後の日本仏教界に大きな影響をもたらす二人が乗船した遣唐船だったのである。

「羅紀」には五月に日本国が使者を派遣し、黄金三〇〇両を進めてきたとある。前年三月、新羅に使いした忌部浜成との間の和議の条件だったのだろう。しかし三〇〇両もの黄金は新羅路を通るためだけに新羅王に贈るとは思えない。黄金を日本が贈るのは唐国以外になかったからである。

新羅哀荘王は黄金が自分のものにならないのを知ったらしい。葛野麻呂の一行は七月に出発したが、遣唐船四船のうちの二船が行方不明になった。九月一八日に朝廷は風の吹き方から新羅に漂着しているはずだと新羅に使者を送って、もし漂着しているなら帰国させ、漂着していなければ新羅の使人を唐に遣って調べさせ、報告するように要請している。新羅の近海で新羅側に攻撃された可能性があると朝廷は疑念を持ったようだ。

それは事実だったらしく、「羅紀」の七月条に、新羅の南にあり『書紀』にスサノオノミコトが行ったといわれている熊川州《ゆうせん》（慶尚南道昌原郡熊川面）の釜浦《ふほ》の水が、血の色に変わったとある。九月には慶州の望徳寺の二つの塔が相戦ったとある。先に述べたように、望徳寺の東塔と西塔が戦うというのは東の日本と西の新羅に対立があった場合の暗示である。このような讖緯的表現からみて、新羅の沿岸を通っていた遣唐船が新羅に攻撃されて沈没したことが、新羅側の史料からも裏づけられる。

この年は哀荘王五年だが、まだ哀荘王は唐によって新羅王に冊封されていない。翌年、新羅王に冊封されるのだが、遣唐船が新羅路をとる代償として、入唐した日本使者が哀荘王の冊封を願い出たものと思われる。日本が新羅に贈った黄金三〇〇両とは、哀荘王が新羅王に冊封されるために唐に贈る黄金だったようだ。

哀荘王としては黄金三〇〇両を引き渡す代わりに、その黄金を唐に贈って新羅王に冊封されるのを条件に日本と和解し、日本の遣唐船が新羅の海岸、つまり新羅路を通って唐に入るのをようやく承認したのだろう。唐では同年一一月には渤海・新羅使が来朝したとある（『元亀』・朝貢五）。日本に反感を持つ新羅の哀荘王と、日本と縁を切った渤海王の大嵩鄰の間で秘かな提携があり、徳宗に桓武朝について讒言《ざんげん》したことが想像される。

しかし『旧唐書』の本紀には翌月、つまり八〇四（貞元二〇）年一二月「吐蕃・南詔・日本国並遣使朝貢」とある。藤原葛野麻呂の遣唐使はようやく唐国に朝貢ができたのである。日本と共に朝貢したのは吐蕃・南詔とある。日本が新羅を通じて贈物をするときは「朝貢」という言葉は使わないが、日本そのものが日本と同格の遊牧民系民族の吐蕃や南詔と賜物をもって入京した場合は、唐は「朝貢」と称している。吐蕃・南詔は、いずれもはっきりとした国境を持たない遊牧系民族であり、吐蕃はようやく唐と和平したばかりだった。日本もその一つとして、とにもかくにも徳宗に認められるはずだった。ところがそうはいかなかった。

翌八〇五年一月二三日に徳宗の死が公表され、長子の順宗《じゅんそう》が即位したが、年内の八月には病弱なため、その任にあらずと廃位され、順宗の長子の憲宗《けんそう》が即位した。「羅紀」にみえる哀荘王の冊封は順宗が下したとある。憲宗は新羅王の冊封はそのままにしたが、日本に対しては強硬だった。憲宗が即位して、日本と唐国との関係は再び振り出しに戻ったのである。

憲宗は政務を宰相などに委ねたので、この時代の治世は良かったと後代、評価されているが、しかし普段から金丹（長寿の薬と称される）を服用していた。そのため八二〇（元和一五）年正月、四三歳にして「暴崩」したとある。暴崩とは突然死ぬことだが、暗殺されたという噂もあった（『旧』・本紀一五）。

●大きな星、墜《お》ちる

桓武天皇は延暦二五（八〇六）年三月一七日に没したことになっている。このとき、「皇太子宮の正殿に血が流れた」と不吉な記述を正史の『後紀』が記している。これはよほどのことである。安殿の平城朝は四年間しか続かなかったところからみて、隠された理由があるように思える。しかも私は、このときの桓武の死は公式の発表であり、もっと前に没していると思っている。少なくとも以下に述べる『日本後紀』の桓武の遺言の条は創作されたものと考えられる。

八〇五年一月二三日に徳宗の死が公表されたのだが、日本では延暦二四年にあたり、一月一日の明け方に桓武は急に皇太子を寝所に呼びよせたが、安殿皇太子の到着が遅れた。そこで藤原緒嗣《おつぐ》を呼んでいるところに安殿が到着した。桓武は安殿を寝台のそばに呼び寄せ、やや久しく言葉をかけた。それから右大臣（神王）に命じて、菅野真道《すがののまみち》と秋篠安人《あきしののやすひと》を参議に任じた。また、大法師に命じて飼っていた鷹犬を放ったので、侍臣の中で涙を流さない者はいなかったという。

同月二二日の未時（午後二時頃）、「大きな星が墜《お》ちた」とある。司《し》馬仲達《ばちゆうたつ》（司馬懿《い》）は、諸葛孔明《しよかつこうめい》が死んだのを大きな星が墜ちたので知ったとあるが、星の墜ちるのは誰かの死を暗示する常套句である。この場合は桓武を指すだろう。そうすると徳宗は同年一月二三日にその死が公表されているから、一日前に桓武は没したことになる。これもでき過ぎのような気がする。桓武はこの時期には、すでに没していたのではないかと私は思っている。桓武の死を公表すると内乱がおきる。ここは慎重にことを運ぶ必要があった。

同年四月六日、桓武が安殿以下、参議以上の人を召して後事を託したとあり、一〇日に近衛大将であると共に氏長者（宗家）である藤原内麻呂《うちまろ》と近衛中将藤原縄主《ただぬし》が、兵仗殿《ひようじようでん》（武器庫）の鍵を安殿皇太子に渡したとあるとき、後継者が安殿に決定したと思われる。安殿が即位することに決まった背景には、東北の軍事力を把握している田村麻呂の存在が大きかったのではないか。

六月八日に遣唐使の葛野麻呂が対馬に帰着し、上表した。それには一月二三日に徳宗が没し、唐国は服喪中なので早々に帰国するよう命じられたとある。帰国途中、越州（紹興市）で葛野麻呂らを送ってきた内使の王国文《おうこくぶん》から天子（この場合、順宗）の勅書を手渡されたという。

その内容は明らかにしていない。ただし、『旧唐書』（本紀一四）の同八〇五（永貞《えいてい》元）

年二月条に、「日本国王並妻還蕃、賜物遣之」という不思議な記述がある。日本国王夫妻が帰国するにあたって、唐はしかるべき贈物をしたというのである。この日本国王が桓武天皇とは考えられない。いったい日本国王を僭称したのは誰だったのか。またこの時、皇帝の座にあった順宗の勅書と関係するのか。今後の課題である。同時に哀荘王が新羅王に冊立されている。

朝廷ではとりあえず、どのようにしていつ、国内外に桓武の死を公表し、無事に安殿皇太子を即位させるかにかかっていたのである。このため八〇六（五月一八日より大同元）年三月一七日に桓武崩を公表し、間をおかず安殿皇太子は五月一八日に即位式を挙げた。安殿皇太子の漢風諡《おくりな》は平城天皇である。彼は二〇年近く平城京に幽閉されていたため、つけられた諡といわれている。しかし「平城」は「平壌」でもある。父親桓武が平壌に本拠を置いていたから、安殿が平壌とは強いつながりがあったことは当然、考えられる。また、安殿の新羅名は彦昇（憲徳王）というが、彦は日本の古代に多くつけられる名である。

たとえば海彦・山彦。神武天皇の和風諡は「神日本磐余彦《かみやまといわれひこ》」であり、神武天皇の息子の綏靖《すいぜい》天皇から始まる欠史八代の天皇のうち、六人まで「彦」がつく。欠史八代に続く崇神《すじん》天皇は「御間城入彦五十瓊殖《みまきいりひこいにえ》」、次の垂仁《すいにん》天皇から私見では慕容《ぼよう》氏だが、「活目入彦五十狭《いくめいりひこいさ》茅《ち》」と彦がつく。垂仁につづくヤマトタケルの景行天皇の和風諡は「大足彦忍代別《おおたらしひこおしろわけ》」で、あと二人の慕容氏系天皇である成務《せいむ》天皇は「稚足彦《わかたらしひこ》」、仲哀《ちゅうあい》天皇は「足仲彦《たらしなかつひこ》」と共に「彦」がつく。そして安殿皇太子の和風諡は「天推国高彦《あめのおしくにのたかひこ》」である。慕容氏系を持って任じる桓武天皇の長子にふさわしい諡といえる。

うがった見方をすれば桓武天皇には、唐の拓跋鮮卑《たくばつせんぴ》に対する日本の慕容鮮卑の対立という意識があったのかも知れない。

しかし『記紀』にみえる漢風諡や和風諡がいつから始まったのかが問題になる。

漢風諡は奈良時代後期に設定されたといわれているが、和風諡については不明である。『隋書』（列伝・東夷）には六〇〇（開皇二〇）年に、倭王の姓・阿毎《アメ》、字・多利思比孤《タリシヒコ》が使者を派遣してきたとある。

私見（『聖徳太子の正体』）ではタリシヒコは聖徳太子をいう。ラリルレロの「ラ」は日本語では「リ」に移行しやすい。したがってタラシヒコと発音していたかも知れない。つまりタリシヒコという名は、帯方郡からくるタラシとヒコが組み合わされた名なのである。タラシという名は神功《じんぐう》皇后の名「気長足《おきながたらし》」にも由来する。ヒコは「日子」とも解される。したがってタリシヒコとは正統な倭国王の名ということになり、聖徳太子こと突厥可汗の達頭《タルドウ》は渡来して伝統的倭王タラシヒコの名を踏襲したと考えられる。

ところで安殿皇太子は父、桓武が天皇として日本に定着してから後、坂上田村麻呂の後援で新羅から唐国の対吐蕃戦に参加して日本の東北地方に南下する吐蕃勢を防いだ。そして東北地方、及び新羅を安泰にし、その実力の上に桓武朝は存在した。安殿皇太子の活躍がなかったら桓武朝は短命に終わったかも知れない。

というのは、桓武は唐朝の承認のない不安定な立場の上に、国内的には新来の天皇であり、しかも評判の良い早良皇太子を死に至らしめた。また二度も遷都したので藤原氏をはじめ国民には反感を持たれていたからである。安殿皇太子はその桓武朝を支えた、桓武朝にとっての功労者といえる。

長子でもある安殿皇太子は、普通に考えて即位して当然だから、即位して平城天皇になったのだが、しかし即位後、四年にしてその座を追われるのである。

結論

政争に敗れた天武天皇の子、志貴《しき》皇子の遺子である白壁《しらかべ》王は、母系が半島の旧百済《くだら》地方にあったため、その地に亡命した。百済地方で成長した白壁王は旧百済地方の軍勢を率いて、聖武《しょうむ》天皇の意図した安積《あさか》親王の即位を阻止した。その功績によって白壁王はようやく日本に帰国することができた。

しかし白壁王が即位にまで至ったのは、藤原仲麻呂《ふじわらのなかまろ》を滅ぼし、東北の蝦狄《えみし》と戦い、中国東北部の土着勢力とも共闘していた長子の山部《やまべ》王の武力に負うところが大きかったのである。その山部王の功績を無視して他戸《おさかべ》親王を立太子させた、白壁王こと光仁《こうにん》天皇と藤原一族を山部王は許せなかった。

そこで立太子した他戸皇太子と、その母親、井上《いがみ》内親王を窮死させることになる。山部王が即位して桓武天皇になったとき、藤原一族の要望により弟の早良《さわら》皇太子が立太子した。しかし国際的に活躍した山部王は若い頃から、ほとんど朝廷にいなかったため、藤原氏をはじめ国内勢力は早良皇太子の即位を望んでいた。

桓武天皇が本格的に日本国王として統治しようとしたとき、不在にして国内の事情に疎《うと》い桓武と事実上、国内を統治していた早良皇太子との間に埋まらない溝ができた。結局、そのため桓武は早良を殺すことになる。しかし早良皇太子の死は藤原氏をはじめ国内勢力の桓武天皇に対する深い不信の念を呼び、その後の桓武の統治を困難にした。

桓武天皇は国内の支持のなさを唐国の日本国王承認によって補《おぎな》うため、早良皇太子の次に立太子した長子の安殿《あて》皇太子を東北の蝦夷軍勢を率いて唐側として戦わせ、安殿は新羅《しらぎ》の実権も握って桓武天皇の期待に答えた。安殿皇太子は桓武が山部王時代、光仁朝のために海外で活躍したのと同じ貢献をしたのである。

しかし唐国の承認もついに得られず、国内での地盤の弱い桓武朝の後半の一〇年余は、安殿皇太子の海外での活躍によって存続したともいえる。当然、桓武没後、実績のある安殿皇太子が即位したのだが、桓武朝に芽生えた桓武朝への国内の反感が平城《へいぜい》天皇（安殿）に反映したことと、唐国の承認がないことが重なって長くは続かなかった。何よりも唐が末期状態になり、次第に日本は閉鎖社会に移行しつつあったという歴史的必然があったのである。

あとがき

ローマの全盛時代には、地中海諸国はもちろん東西ヨーロッパからイギリス、近東まで勢力が及んだことは周知のことである。この時代は東アジアでいえばほぼ後漢の時代にあたる。中国の絹はローマに輸出され、「すべての道はローマに通じる」といわれているが、ローマが世界帝国になったのはアフリカとヨーロッパをつなぐ地中海の存在が大きい。その後、ローマが衰退して中世に入る頃には地中海文化も衰退し、ヨーロッパは各地方の城郭都市に籠もってしまう。世界は各地域に分裂し小さくなっていったのである。

同じことが東アジアでもいえる。中国は紀元前の秦代に統一され、前（西）漢に引き継がれた。その頃はすでに倭国の情報は漢に届いていた。後（東）漢が滅びてしばらく南北朝に分裂していたが、六世紀末に隋が中国統一を成し遂げた後、隋・唐はヨーロッパのローマの役を東アジアで果たしたのである。つまりこの頃の中国は一大帝国だったため、周辺諸国を統治し、支配下に置いた代わりに文化・文明を周辺民族にもたらした。その交通路となったのが、ローマの地中海に該当する黄海であり、日本（東）海であり、南は東シナ海だったのである。

唐が弱体化すると、周辺遊牧民族は軍備の手薄になった唐への攻撃を強める。一方、日本、新羅、渤海など極東諸国は朝貢という形で貢物を贈り、唐のために出兵をして、唐の威光を背に国王の権威を高めていた。それはほとんど唐が滅びるまで続くのである。唐が滅びてしまうと、必然的に各々《おのおの》の国は国内に籠もって鎖国状態になり、独自の文化を発展させることになる。それが平安時代の中期以後の日本の姿である。

七世紀に完成した岡山県の鬼ノ城《き》や北九州の大野城《おおののき》が、日本の中世に作られた城郭よりはるかに規模が大きいのはなぜなのか。戦う相手が国内勢力ではなく、東アジア全体に及ぶからである。

代々天皇家のあった京都御所は平地に建ち、戦いの防御的施設はほとんどない。にもかかわらず、戦国時代以後の日本の城には、堀や天守閣など防戦の施設が必ずある。全国統一をした徳川家に至るまでそうである。戦国時代の敵は国内だから防御を固めなければたちまち落城する。それに対して古代の日本の敵は、唐や中国東北部の遊牧系民族や半島からの侵略だから、それに対する防衛は大野城だったり、鬼ノ城だったり、各所の関所だったりして宮城自体は防御する必要がなかったからである。

国はときと共に発展して世界が広がっていく、というのは妄想である。日本の場合、七

〜八世紀までの方が、はるかに東アジアの一国として政治的にも民族的にも開かれた国だったのである。

今の日本人からすると光仁・桓武天皇及び、その他の為政者も、かなり荒っぽくヒューマニズムに欠けた人物にみえる。しかし後年の歴代天皇ではなく、光仁・桓武天皇を一人の東アジアの為政者とみるとき、少なくとも私には違和感はないのである。

【引用文献】

1 『旧唐書』（本文では『旧』）劉昫等撰　九四五年　中華書局　一九七五年版
2 『新唐書』（本文では『新』）欧陽脩等撰　一〇五八年　中華書局　一九七五年版
3 『晋書』房玄齢等撰　六四八年　中華書局　一九七四年版
4 『宋書』沈約撰　五〇二年　中華書局　一九七三年版
5 『漢書』班固撰　八二年頃　中華書局　一九七五年版
6 『資治通鑑』（本文では『通鑑』）司馬光　一〇八四年　宏業書局　中華民国　一九六七年版
7 『唐会要』王溥　九六一年　中華民国　一九六三年版
8 『宋高僧伝』賛寧撰　九八八年　中華書局　一九八七年版
9 『冊府元亀』（本文では『元亀』）王欽若他編　一〇一三年　台湾中華書局　中華民国　一九六一年版
10 『全唐文』一八〇八年成立　上海古籍出版社　一九九五年版
11 『大唐西域記』玄奘　六四六年　水谷真成訳　中国古典文学大系二二　平凡社　昭和四七年版
12 「春秋潜潭巴」『緯書集成』巻四下（春秋下）楊喬嶽　明代　中村璋八編　平成四年
13 『三国遺事』一然　十三世紀後半　朝鮮史学会編　国書刊行会　昭和四八年版
14 『三国史記』「新羅本紀」（本文では「羅紀」）金富軾等　一一四五年　朝鮮史学会編　国書刊行会

昭和四八年版
15 『日本書紀』(本文では『書紀』) 舎人親王等編 七二〇年 坂本太郎等校注 岩波書店 一九九三年版
16 『続日本紀』(本文では『続紀』) 藤原継縄 菅野眞道撰 七九七年 黒板勝美他編 国史大系 吉川弘文館 昭和四九年版
17 『日本後紀』 藤原緒嗣等撰 八四〇年 黒板勝美他編 国史大系 吉川弘文館 昭和四九年版
18 『日本紀略』(本文では『紀略』) 著者不明 一〇三六年まで 黒板勝美他編 国史大系 吉川弘文館 昭和五四年版
19 『類聚国史』 菅原道真 八九二年 黒板勝美他編 国史大系 吉川弘文館 昭和五四年版
20 『令義解』 清原夏野等 淳和天皇(八二三〜八三三)時代 黒板勝美他編 国史大系 吉川弘文館 昭和五一年版
21 『帝王編年記』 著者不明 十四世紀 黒板勝美他編 国史大系 吉川弘文館 平成一一年版
22 『延喜式』 藤原忠平等撰 九二七年 黒板勝美他編 国史大系 吉川弘文館 昭和五〇年版
23 『水鏡』 著者不明 一一九五年頃か 黒板勝美他編 国史大系 吉川弘文館 一九九九年版
24 『公卿補任』 編者不明 一三世紀前半 黒板勝美他編 国史大系 吉川弘文館 昭和五一年版
25 『古事記』 稗田阿礼 太安麻侶撰 七一一年以後 倉野憲司他校注 岩波書店 昭和四六年版
26 『万葉集』 大伴家持等撰 八世紀後半 高木市之助他校注 岩波書店 昭和四五年版

27『懐風藻』淡海三船か　七五一年　小島憲之校注　岩波書店　昭和四六年版
28『日本霊異記』薬師寺沙門景戒　八二三（嵯峨天皇、弘仁一四）年頃　遠藤嘉基他校注　岩波書店
昭和四七年版
29『先代旧事本紀』著者不明　平安時代初期か　現代思潮社　昭和五五年版
30『新撰姓氏録』萬田親王他撰　八一四年　佐伯有清校注『新撰姓氏録の研究』（本文篇）吉川弘文館
昭和四九年版
31『八幡宇佐宮御託宣集』神吽著　一三一三年　重松明久編　現代思潮社　昭和六一年版
32『七大寺年表』撰者不明　八〇二年頃『続群書類従』第二七輯上
33『峰相記』著者不明　一三四八年頃か『続群書類従』第二八輯上
34『嵯峨野物語』藤原良基　一三八六年『群書類従』第一九輯
35『清水寺縁起』八五四〜一四一七年『続群書類従』第二六輯下
36『伴氏系図』『続群書類従』第七輯下
37『多賀城碑』安倍辰夫・平川南編　雄山閣出版　平成元年
38『論衡』王充　紀元一世紀　山田勝美訳注　明治書院　昭和五五年版
39『隋書』魏徴等撰　六三六年　中華書局　一九七三年版
40『日本高僧伝要文抄』僧宗性　建長年間　国史大系三一　吉川弘文館　二〇〇四年版

【主な参考文献】

①林陸朗校注『続日本紀』（全六冊）現代思潮社　一九八八年八月
②森田悌校注『日本後紀』上・中・下　講談社　二〇〇六年一〇月〜七年二月
③林英樹校注『三国史記』三一書房　一九七四年一二月
④金思燁校注『三国遺事』朝日新聞社　昭和五一年四月
⑤中村璋八他校注『五行大義全釈』上　明治書院　昭和六一年六月
⑥中村璋八『五行大義』下　明治書院　平成一〇年五月
⑦劉学銚『鮮卑史論』南天書局有限公司　中華民国八三年八月
⑧中村裕一『隋唐王言の研究』汲古書院　二〇〇三年七月
⑨石見清裕『唐の北方問題と国際秩序』汲古書院　一九九八年二月
⑩唐代史研究会編『隋唐帝国と東アジア世界』汲古書院　一九七九年八月
⑪石井正敏『日本渤海関係史の研究』吉川弘文館　二〇〇一年四月
⑫魏晋南北朝隋唐時代史の基本問題編集委員会『魏晋南北朝隋唐時代史の基本問題』汲古書院　一九九七年六月
⑬小川英雄『ミトラス教研究』リトン　一九九三年二月
⑭堀敏一『東アジア世界の形成』汲古書院　二〇〇六年二月

⑮朱国忱・魏国忠『渤海史』東方書店　一九九六年一月
⑯島田正郎　『契丹国』東方選書二三　東方書店　一九九三年三月
⑰三上次男『高句麗と渤海』吉川弘文館　平成九年九月
⑱西嶋定生『中国古代国家と東アジア世界』東京大学出版会　一九八三年八月
⑲森公章『古代日本の対外認識と通交』吉川弘文館　平成一〇年五月
⑳工藤雅樹『古代蝦夷』吉川弘文館　二〇〇〇年九月
㉑今井啓一郎『秦河勝』綜芸舎　昭和五三年五月版
㉒高橋富雄『蝦夷』吉川弘文館　昭和五三年六月版
㉓海保嶺夫『エゾの歴史』講談社選書メチエ69　一九九六年二月
㉔山内晋次『奈良平安期の日本とアジア』吉川弘文館　二〇〇三年八月
㉕山田信夫『北アジア遊牧民族史研究』東京大学出版会　一九八九年七月版
㉖池田温『東アジアの文化交流史』吉川弘文館　二〇〇二年二月
㉗工藤雅樹『古代蝦夷の考古学』吉川弘文館　平成一〇年一月
㉘高橋崇『古代東北と柵戸』吉川弘文館　平成八年七月
㉙朱栄憲『渤海文化』雄山閣考古学選書一六　昭和五四年三月
㉚濱田耕策『渤海国興亡史』歴史文化ライブラリー106　吉川弘文館　二〇〇〇年十一月
㉛百々幸雄『モンゴロイドの地球3　日本人のなりたち』東京大学出版会　一九九五年七月

【主な参考文献】

㉜阿部義平『蝦夷と倭人』青木書店　一九九九年　二月
㉝上田雄『渤海国の謎』講談社現代新書１１０４　一九九二年六月
㉞佐藤信編『日本と渤海の古代史』山川出版社　二〇〇三年五月
㉟王勇『唐から見た遣唐使』講談社選書メチエ１２５　一九九八年三月
㊱古瀬奈津子『遣唐使の見た中国』歴史文化ライブラリー１５４　吉川弘文館　二〇〇三年五月
㊲東野治之『遣唐使船――東アジアのなかで』朝日選書６３４　朝日新聞社　一九九九年九月
㊳東野治之『遣唐使』岩波新書１１０４　二〇〇七年十一月
㊴佐伯有清『最後の遣唐使』講談社学術文庫１８４７　二〇〇七年十一月版
㊵原島礼二・金井塚良一編『東国と大和王権』吉川弘文館　平成六年一月
㊶井上満郎『桓武天皇』ミネルヴァ書房　二〇〇六年八月
㊷村尾次郎『桓武天皇』人物叢書一一二　吉川弘文館　昭和四四年版
㊸角田文衛『佐伯今毛人』人物叢書一〇三　吉川弘文館　昭和四九年版
㊹村井康彦『平安京の光と闇』史話日本の古代八　作品社　二〇〇三年六月
㊺新野直吉『田村麻呂と阿弖流為』吉川弘文館　二〇〇七年一〇月
㊻関口明『蝦夷と古代国家』吉川弘文館　平成四年九月
㊼森安孝夫『シルクロードと唐帝国　興亡の世界史五』講談社　二〇〇七年二月
㊽水野祐監修　鈴木靖民編『古代王権と交流一　古代蝦夷の世界と交流』名著出版　一九九六年九

月
㊾宮田俊彦『吉備真備』人物叢書　吉川弘文館　平成五年版
㊿松原弘宣『日本古代水上交通史の研究』吉川弘文館　昭和六〇年八月
51黒坂周平『東山道の実証的研究』吉川弘文館　平成四年九月
52佐久間竜『日本古代僧伝の研究』吉川弘文館　昭和五八年四月
53末松保和『新羅の政治と社会』下　末松保和朝鮮史著作集二　吉川弘文館　平成七年一二月版
54新野直吉『古代東北の覇者』中公新書三五四　昭和四九年三月
55新野直吉『古代日本と北の海みち』高科書店　一九九四年一一月
56村川行弘監修『7・8世紀の東アジア・東アジアにおける文化交流の再検討』大阪経済法科大学出版部　二〇〇〇年六月
57唐・李吉輔撰『元和郡県図志』中文出版社　一九七九年四月版
58船木勝馬『古代遊牧騎馬民の国』誠文堂新光社　一九八九年二月
59酒寄雅志『渤海と古代の日本』校倉書房　二〇〇一年三月
60梶芳光運『金剛般若経』大蔵出版　昭和四八年八月

【凡例】

一　『続日本紀』など正史に記載されており、通説となっている事例に関しては史料を明記していない。
二　特別に必要な事例以外は新仮名遣いにした。
三　史料通り、本書では旧暦、数え年である。
四　「安禄山の乱」は現代、学問上では「安史の乱」と呼ばれているが、安禄山・慶緒、史思明・朝義の二組の姓である。正確には「安・史の乱」としなければ「史」を安禄山の名と間違えるので、通説通り「安禄山の乱」とした。
五　引用文献と参考文献と分けた。
六　本文では「新羅本紀」は「羅紀」、『旧唐書』は『旧』、『新唐書』は『新』、『資治通鑑』は『通鑑』などと省略した。

切りとり線

★読者のみなさまにお願い

この本をお読みになって、どんな感想をお持ちでしょうか。祥伝社のホームページから書評をお送りいただけたら、ありがたく存じます。今後の企画の参考にさせていただきます。また、次ページの原稿用紙を切り取り、左記編集部まで郵送していただいても結構です。

お寄せいただいた「100字書評」は、ご了解のうえ新聞・雑誌などを通じて紹介させていただくこともあります。採用の場合は、特製図書カードを差しあげます。

なお、ご記入いただいたお名前、ご住所、ご連絡先等は、書評紹介の事前了解、謝礼のお届け以外の目的で利用することはありません。また、それらの情報を6カ月を超えて保管することもありません。

〒101―8701（お手紙は郵便番号だけで届きます）
祥伝社　書籍出版部　編集長　岡部康彦
電話 03（3265）1084
祥伝社ブックレビュー　http://www.shodensha.co.jp/bookreview/

◎本書の購買動機

＿＿＿＿新聞の広告を見て	＿＿＿＿誌の広告を見て	＿＿＿＿新聞の書評を見て	＿＿＿＿誌の書評を見て	書店で見かけて	知人のすすめで

◎今後、新刊情報等のパソコンメール配信を　　希望する　・　しない

◎Eメールアドレス　　※携帯電話のアドレスには対応しておりません

@

100字書評

桓武天皇の謎

住所

名前

年齢

職業

海《うみ》を渡《わた》る国際人《こくさいじん》
桓武天皇《かんむてんのう》の謎《なぞ》

平成21年12月10日　初版第1刷発行

著　者　小《こ》林《ばやし》恵《やす》子《こ》

発行者　竹内和芳

発行所　祥《しょう》伝《でん》社《しゃ》
〒101-8701
東京都千代田区神田神保町3-6-5
☎03(3265)2081(販売部)
☎03(3265)1084(編集部)
☎03(3265)3622(業務部)
印　刷　錦明印刷

製　本　積信堂

ISBN978-4-396-61351-8 C0021

祥伝社のホームページ・http://www.shodensha.co.jp/

目からウロコ、
井沢史観のエッセンスを凝縮！

点と点が線になる

日本史集中講義

井沢元彦

この一冊で、「日本史の謎」がすべて解ける！

- 十七条憲法が、その後一四〇〇年の日本人に与えた影響とは
- なぜ、武士が発生したのか。そしてなぜ朝廷と幕府が並存できたのか
- 寺社の商業活動と、「楽市・楽座」でみせた信長の本当の狙いとは
- 秀吉の朝鮮出兵と、キリスト教禁止令の本当の意味とは／他

小林恵子の古代史解読シリーズ

衝撃の第一弾

本当は怖《おそ》ろしい万葉集

歌が告発する血塗られた古代史

額田王、持統天皇、柿本人麻呂……秀歌に隠された「裏の意味」とは！

祥伝社

小林恵子の古代史解読シリーズ

本当は怖ろしい万葉集②

西域《シルクロード》から来た皇女

今、明かされる大津皇子「処刑」の真相と、殉死した妃・山辺皇女の正体

祥伝社

小林惠子の古代史解読シリーズ

本当は怖ろしい万葉集 完結編

大伴家持《やかもち》の暗号

編纂者が告発する大和朝廷の真相

なぜクーデターと女帝擁立が相次いだのか。歌人官僚が訴える平城京の闇

祥伝社